ラグジュアリー戦略で夢を売る

リシャール・ミル、
アルルナータ、
GIA Tokyo、
勝沼醸造、
玉川堂
のトップが語る

Shinya Nagasawa
長沢伸也 編著

同友館

はじめに

●本書の概要

本書は、早稲田大学総合研究機構第16回研究成果報告会「世界に挑みラグジュアリーブランドを目指す日本のファミリービジネス」二日目として開催された『コロナ禍だからこそ、長く使える価値ある製品、文化を創るブランドを目指せ！』（公開講座）の講演録です。内容としては〝高くても価値ある商品、熱烈に支持されるブランドづくり〟のためのラグジュアリー戦略の実践を探り、これからの日本企業のものづくりに示唆を与える書です。

早稲田大学総合研究機構では、所属する多種多様な百数十あるプロジェクト研究所から、毎年複数の研究所が共催し、学内外に研究成果を広く発信する場として研究成果報告会を実施しています。２０２０年度はラグジュアリーブランディング研究所と国際ファミリービジネス総合研究所の共同提案が採択されました。そこで、同報告会は早稲田大学総合研究機構、国際ファミリービジネス総合研究所、ラグジュアリーブランディング研究所共催で、２０２１年1月27日・28日の二日間開催されました。

初日が国際ファミリービジネス総合研究所の主担当で「ラグジュアリーブランディングとファミリー・ガバナンス」、二日目がラグジュアリーブランディング研究所の主担当で「コロナ禍だからこそ、長く使える価値ある製品、文化を創るブランドを目指せ！」をテーマとして開催され、両日ともラグジュアリーブランドやファミリービジネスのトップの方々もお招きして基調講演や熱い討議が繰り広げられました。

当初は早稲田大学大隈講堂で開催される予定でしたが、コロナ禍が収束しなかったため、オンラインで開催され、両日とも４００人の参加者申込みがあり大盛況でした。

大変好評で出版の要望も多数頂戴しましたので、取り急ぎラグジュアリーブランディング研究所主担当の二日目分を加除修正して講演録として急遽出版することとしました。

●本書の内容

同報告会二日目では、まず早稲田大学ラグジュアリーブランディング研究所員の川上智子教授（大学院経営管理研究科）より、開会挨拶として同研究所を紹介いただきました。これを第1章に収録しています。

続いて、早稲田大学ラグジュアリーブランディング研究所所長である編著者が基調講演「コロナ禍だからこそ、暮らしと製品・ブランドが見直される！」と題して、コロナ禍の影響や見通しと、意外にもラグジュアリーブランドビジネスが堅調である現状を俯瞰し、その理由と日本企業がラグジュアリーブランドになれる可能性を考察しました。

しかしながら当初予定の内容のうち基本的な事項しかお伝えできませんでした。その省いた部分を中心として、学会長を務める商品開発・管理学会第35回全国大会（同年3月20日開催）で続編に当たる基調講演「コロナ禍における商品開発・管理―本物が求められる時代、日本製品が世界を魅了するために―」を講演する機会がありました。これをミックスして、さらに同報告会の後の最新情報も追加しながら第2章と第3章に編集し収録しています。

研究成果報告会二日目では、基調講演に続いてパネルディスカッション「長く使える価値ある製品、文化を創るブランドを目指せ！」を実施しました。川﨑圭太様（リシャールミルジャパン株式会社代表取締役社長）、寺西俊輔様（アルルナータ代表）、高田　力様（ＧＩＡ　Ｔｏｋｙｏ代表）、有賀雄二様（勝沼醸造株式会社代表取締役社長）、玉川基行様（株式会社玉川堂代表取締役社長）を迎え、数々の「刺さる言葉」とともに熱い討議が繰り広げられました。ラグジュアリーブランドというと欧州のファッションや高級時計ばかりが思い浮かびますが、各パネリストの取組みから、日本発のラグジュアリーブランドをいかにして創るかを考える貴重な機会となりました。これを第4章に収録しています。なお、当日は時間切れで言及できなかった部分も積極的に補いました。

最後に、早稲田大学ラグジュアリーブランディング研究所員の矢後和彦教授（早稲田大学商学学術院）より、同報告会二日目のすばらしいまとめと閉会挨拶をいただきました。これを第5章に収録しています。

本来の研究成果報告会の構成と内容に商品開発・管理学会年次大会での基調講演を挟みましたのは、ラグジュアリーブランディングの基礎、応用、実践という内容的な繋がりと書籍としての内容の充実を重視したためです。ご寛容いただければ幸甚です。

「日本発」のブランド創造こそが、日本企業の喫緊の課題であることに疑いがありません。日本を代表するラグジュアリー研究者である編著者の主張が、5人の実務家が語る取組みと相俟って、多くのビジネスパーソンのご参考になると確信します。

●本書の特徴

本書の特徴は次のとおりです。

(1) 本書の第2章の後半と第3章では、「ラグジュアリー」の概念と、ラグジュアリー戦略やラグジュアリーブランディングについて、体系的に論じています。

編著者は『ラグジュアリー戦略――真のラグジュアリーブランドをいかに構築しマネジメントするか』、『ファッション&ラグジュアリー企業のマネジメント――ブランド経営をデザインする』（以上、東洋経済新報社）、『「機械式時計」という名のラグジュアリー戦略』（世界文化社）、『ラグジュアリー時計ブランドのマネジメント――変革の時』（角川学芸出版）、『カプフェレ教授のラグジュアリー論――いかにラグジュアリーブランドが成長しながら稀少であり続けるか』（同友館）の翻訳で、ラグジュアリー戦略やラグジュアリーブランディングを紹介してきました。

また、『ブランド帝国の素顔LVMHモエ ヘネシー・ルイ ヴィトン』（日本経済新聞社）、『ルイ・ヴィトンの法則――最強のブランド戦略』（東洋経済新報社）、エルメスを取り上げた『老舗ブランド企業の経験価値創造――顧客との出会いのデザインマネジメント』（同友館）、『それでも強い ルイ・ヴィトンの秘密』（講談社）、『シャネルの戦略――

究極のラグジュアリーブランドに見る技術経営』、『グッチの戦略――名門を3度よみがえらせた驚異のブランドイノベーション』、『カルティエ　最強のブランド創造経営――巨大ラグジュアリー複合企業「リシュモン」に学ぶ感性価値の高め方』（以上、東洋経済新報社）では、各ラグジュアリー企業を分析する中で、ラグジュアリー戦略やラグジュアリーブランディングに触れてきました。

これらを踏まえて、『高くても売れるブランドをつくる！――日本発、ラグジュアリーブランドへの挑戦』（同友館）では、ラグジュアリーブランドビジネスの現状を俯瞰し、ラグジュアリー、ラグジュアリーブランド、ラグジュアリー戦略の定義や関係を解き明かしましたが、本書はこれに続くものです。

(2)　本書の第2章と第3章では、日本企業にラグジュアリー戦略やラグジュアリーブランディングを適用することの必要性と、日本発のラグジュアリーブランドが成功する可能性について論じています。

これらについては、編著者はこれまで前掲の翻訳書の「訳者あとがき」「監訳者まえがき」や、個別のラグジュアリーブランドについての「学び」として断片的に指摘してきました。しかし、まとまった形で発信するのは『高くても売れるブランドをつくる！』（同友館）が初めてでした。特に第3章では、ラグジュアリーブランドの構成要素として、歴史、土地、人物、技術を挙げて解説しました。また、第4章では具体的な事例も挙げています。前項と併せて、編著者の長年にわたるラグジュアリー研究の到達点です。

⑶　本書の第4章では、〝高くても価値ある商品、熱烈に支持されるブランド〟として、リシャールミルジャパン、アルルナータ、ＧＩＡ Ｔｏｋｙｏ（宝石鑑定機関で、宝飾ブランド業界を代弁）、勝沼醸造、玉川堂の各代表者自らが各ブランドとその取組みを紹介しています。

各ブランドともにコロナ禍の影響は限定的とか、なかには前年度超えで絶好調というブランドもあり、はからずも〝高くても価値ある商品、熱烈に支持されるブランド〟はコロナ禍でも強いことが浮き彫りになったといえます。

⑷　シンポジウムや研究会の講演録として、講演者の生の声や語り口、臨場感を生かすことで、その主張や「熱い想い」、各事例企業のビジネスの実態を生き生きと紹介します。

本書で述べているようにラグジュアリーブランドとは、パリの街角の馬具屋・鞄《かばん》屋やスイスの山奥の町工場のような欧州の地場伝統ものづくり企業だったのです。しかしながら、ものづくりでは彼らに遜色のない日本の地場伝統ものづくり企業は冴えないのです。

編著者はもどかしいのです。日本でものづくりをすると高くなるのですから、日本企業は〝高くても売れる製品づくり、高くても熱烈なファンのいるブランドづくり〟＝ラグジュアリーブランディングの道を探るべきだという「熱い想い」を語ったつもりです。また、抽象的で難解な概念や考え方が話し言葉によって少しでもわかりやすくなっていれば幸甚です。

(5) 〝高くても価値ある商品、熱烈に支持されるブランド〟を代表する各高級ブランドの代表者から、各ブランドの製品やブランドヒストリーに加えて、こだわりについて紹介いただきました。さらに、現在や今後の取組みを紹介いただきました。

ラグジュアリーブランドを目指して奮闘する各代表者自らの言葉の迫力やお人柄と相俟って、多くのビジネスパーソンのご参考になると確信しております。

●謝辞

本書が成立する直接のきっかけとなったのは、頭記のように早稲田大学総合研究機構第16回研究成果報告会です。

同報告会を共催いただきました早稲田大学研究院総合研究機構と国際ファミリービジネ

ス総合研究所、後援いただきました日本ファミリービジネス学会、日本ベンチャー学会、日本感性工学会、商品開発・管理学会、公益社団法人日本ニュービジネス協議会連合会、NPO法人 横断型基幹科学技術研究団体連合に御礼申し上げます。

特にラグジュアリーブランディング研究所と共同提案し、採択されて同報告会を共同開催し初日を主担当いただきました国際ファミリービジネス総合研究所所長　長谷川博和教授（経営管理研究科）、同所員　米田　隆教授（商学学術院）、長谷川研究室秘書　芹田具子様に厚く御礼申し上げます。

同報告会二日目冒頭には早稲田大学ラグジュアリーブランディング研究所員　川上智子教授（大学院経営管理研究科）より開会挨拶と研究所の紹介を、また最後には同じく矢後和彦教授（早稲田大学商学学術院）より二日目のまとめと閉会挨拶をいただきました。厚く御礼申し上げます。

また、第2章と第3章では2021年3月20日開催の商品開発・管理学会第35回全国大会における基調講演も加除修正して収録しています。基調講演をご推挙いただきました同大会実行委員長の橋田洋一郎先生（専修大学教授）ならびに当日のZoom運営をしていただきました同学会事務局長の若林靖永先生（京都大学教授）に深く感謝申し上げます。

末筆になりましたが、お忙しいなか、パネルディスカッションのパネリスト招聘に応じてご出演いただきましたリシャールミルジャパン株式会社代表取締役社長　川崎圭太様、アルルナータ代表　寺西俊輔様、ＧＩＡ　Ｔｏｋｙｏ代表　高田　力様、勝沼醸造株式会社代表取締役社長　有賀雄二様、株式会社玉川堂代表取締役社長　玉川基行様に深甚なる謝意を表します。また、掲載写真の手配等でご尽力いただきましたリシャールミルジャパン株式会社　田口悠加様、勝沼醸造株式会社　大沢知子様、株式会社玉川堂　佐々木愛子様にもお礼申し上げます。

シンポジウムや講演を熱心に聴講いただいた皆様のご参加あっての本書であり、深く感謝しています。また、本書は、株式会社同友館　鈴木良二出版部長のご尽力により形になりました。ここに厚く御礼申し上げます。

本書がビジネスパーソンの実務や研鑽に役立つとともに、「夢」を売るためのラグジュアリー戦略に興味を持っていただけたら、望外の幸せです。

２０２１年　駐在中の在ドイツ早稲田大学ボン・オフィスにて

編著者　長沢　伸也

目 次

3 基調講演（後編）

1 開会挨拶

早稲田大学ラグジュアリーブランディング研究所員、ＷＢＳ教授
川上 智子

図表1－1　早稲田大学総合研究機構2020年度研究成果報告会 2日目 プログラム（2021年1月28日開催）

「コロナ禍だからこそ、長く使える価値ある製品、
文化を創るブランドを目指せ！」
プログラム

1．開会挨拶
18時30分～18時35分
2．基調講演
「コロナ禍だからこそ、暮らしと製品・ブランドが見直される！」
18時35分～19時20分
3．パネルディスカッション
「長く使える価値ある製品、文化を創るブランドを目指せ！」
19時20分～20時45分
4．まとめ・閉会挨拶
20時45分～20時50分

出所：早稲田大学ラグジュアリーブランディング研究所（2021）「早稲田大学総合研究機構2020年度研究成果報告会　2日目『コロナ禍だからこそ永く使える価値ある製品、文化を創るブランドを目指せ』」資料、早稲田大学総合研究機構・ラグジュアリーブランディング研究所、p.1

【司会】　これより、早稲田大学総合研究機構2020年度研究成果報告会「世界に挑み、ラグジュアリーブランドを目指す日本のファミリービジネス　二日目『コロナ禍だからこそ永く使える価値ある製品、文化を創るブランドを目指せ』」を開始いたします。

プログラム（図表1－1）に従いまして、初めに、早稲田大学ビジネススクール　川上智子教授よりご挨拶いたします。川上先生、お願いいたします。

【川上】　皆様こんばんは。ご紹介にあずかりました早稲田大学ビ

図表1-2　研究成果報告会「コロナ禍だからこそ、長く使える価値ある製品、文化を創るブランドを目指せ！」開会挨拶

開会挨拶

18時30分～18時35分

早稲田大学ラグジュアリーブランディング研究所員、WBS教授
川上　智子

・本日の研究成果報告会開催の経緯
・早稲田大学ラグジュアリーブランディング研究所の紹介

川上　智子（かわかみ ともこ）
早稲田大学ラグジュアリーブランディング研究所員、
早稲田大学ビジネススクール（大学院経営管理研究科）教授。
神戸大学で博士号取得、関西大学教授を経て2015年より現職。2019年早稲田大学にマーケティング国際研究所（MII）を設立、所長に就任。早稲田ブルー・オーシャン・シフト研究所（WABOSI）副所長。ワシントン大学・INSEAD他の客員研究員を歴任。日本マーケティング学会理事、国際学会の理事職他を歴任。2017年アジア・マーケティング研究者トップ100に選出。専門はマーケティング論、イノベーション論。

出所：早稲田大学ラグジュアリーブランディング研究所（2021）前掲資料、p.2

ジネススクールの川上と申します。当ラグジュアリーブランディング研究所で研究所員を務めております。本日はどうぞよろしくお願いいたします（図表1-2）。

昨今コロナで非常に制約が多いと思いますけれども、皆様、そういう時期だからこそ、おそらく消費のあり方や暮らしのあり方を深く考えられることも多かったのではないかと思います。今日は

図表1－3　早稲田大学ラグジュアリーブランディング研究所：概要

研究テーマ：ラグジュアリー　ブランディングの理論・応用および教育プログラム開発に関する研究

分野：社会システム

研究概要：

・早稲田大学ビジネススクール（大学院経営管理研究科）では、「ラグジュアリー ブランディング論」、「感性産業＆ブランディング論」、「感性マーケティング論」といった特色ある専門科目を設置して、高くても売れる製品、高くても熱烈なファンのいるブランドを目指す理論について講義している。

・当プロジェクト研究所は、これらの専門科目の教育組織と密接な関係を保つ研究組織として、その領域に関わる理論・応用および教育プログラム開発に関する研究を実施する。

出所：早稲田大学ラグジュアリーブランディング研究所（2021）前掲資料、p.3

「世界に挑み、ラグジュアリーブランドを目指す日本のファミリービジネス」ということで、学術的にも世界で非常に高く評価されている日本のファミリービジネスという視点から、高付加価値型のラグジュアリーブランディングを考える機会となっております。

私のほうから開会に先立ちまして当研究所を少しご紹介したいと思います。

当研究所は、2012年に設立されました（図表1－3）。研究テーマは、「ラグジュアリーブランディングの理論、応用および教育プログラムの開発に関する研究」です。経営管理研究科、通称ビジネススクールで、たとえば「ラグジュアリーブランディング論」などの科目の授業に研究成果を反映させること

図表1-4　早稲田大学ラグジュアリーブランディング研究所：構成員

所長
・長沢　伸也（経営管理研究科教授）
研究所員
・長沢　伸也（経営管理研究科教授）
・川上　智子（経営管理研究科教授）
・パルヴューレスコ　マルグリット マリー（商学学術院教授）
・矢後　和彦（商学学術院教授）
・（元）土屋　淳二（文学学術院教授）
・（元）野口　智雄（社会科学学術院教授）
・（元）山本　尚利（経営管理研究科教授）
研究協力者（非常勤講師）
・（元）大川　知子（実践女子大学准教授 生活科学部）
・（元）小山　太郎（中部大学工学部講師 人間力創成総合教育センター）
・（元）長谷川　功（文化ファッション大学院大学教授）

出所：早稲田大学ラグジュアリーブランディング研究所（2021）前掲資料、p.4

を重ねてまいりました。

こちら（図表1-4）が研究所のメンバーでございまして、この後、基調講演をされます長沢伸也所長の下、研究を進めております。これまで計7回の主催シンポジウム、講演会などを行ってまいりました（図表1-5）。本日は２０２０年度および研究所としての活動の集大成ということでこのような場を設けることができ、大変うれしく思っております。

それでは私の挨拶はこのぐらいにいたしまして、この後、所長の長沢先生より基調講演をお願いしたいと存じます。皆様、どうぞよろしくお願いいたします。

図表1－5　早稲田大学ラグジュアリーブランディング研究所主催シンポジウム・講演会

① 「日本の“こだわり”が世界を魅了する」シンポジウム、2017年1月31日（火）18：30～20：30、早稲田キャンパス大隈大講堂、参加者約320名

②特別講演会「ルイ・ヴィトンと日本」、2016年6月10日（金）20：00～21：00、「空へ、海へ、彼方へ―旅するルイ・ヴィトン展」特設会場、参加者約160名

③「3.1 フィリップ リム（3.1 Phillip Lim）特別講演会」、2016年3月28日（月）19：00～20：30、早稲田大学国際会議場井深大記念ホール、参加者約360名

④公開講演会「マリオ・モレッティ・ポレガート（Mario Moretti Polegato）イタリアGEOX社創業者講演会」、2015年10月16日（金）16：30～18：00、早稲田キャンパス11号館901教室、参加者約60名（イタリア共和国ドメニコ・ジョルジ（Domenico Giorgi）駐日特命全権大使ご臨席）

⑤「日本発、ラグジュアリーブランドへの挑戦」シンポジウム、2014年9月30日（火）18：30～20：30、早稲田キャンパス大隈小講堂、参加者約260名

⑥「ラグジュアリービジネスとファッション雑誌」シンポジウム、2013年10月1日（火）18：30～20：30、早稲田キャンパス大隈小講堂、参加者約260名

⑦「百貨店とラグジュアリービジネス」シンポジウム、2012年10月9日（火）18：30～20：30、早稲田キャンパス11号館505教室、参加者約350名

原出所：長沢伸也編著（2017）『日本の“こだわり”が世界を魅了する―熱烈なファンを生むブランドの構築―』海文堂出版、p.6、図表1を更新

出所：早稲田大学ラグジュアリーブランディング研究所（2021）前掲資料、p.5

2 基調講演（前編）

コロナ禍だからこそ、暮らしと製品・ブランドが見直される！

早稲田大学ラグジュアリーブランディング研究所所長、ＷＢＳ教授
長沢　伸也

図表2－1　研究成果報告会「コロナ禍だからこそ、長く使える価値ある製品、文化を創るブランドを目指せ！」基調講演

基調講演

「コロナ禍だからこそ、暮らしと製品・ブランドが見直される！」

18時35分～19時20分

早稲田大学ラグジュアリーブランディング研究所所長、WBS教授
長沢　伸也

・コロナ禍など不安な時の消費者心理
・高くても売れる≒ラグジュアリー
・ブランドを生み出す「こだわり」の要件：
　①理念　②実現力　③実行力
・ブランドをアピールするブランド要素（経営資源）：
　①歴史　②土地　③人物　④技術
・http://www.f.waseda.jp/nagasawa/index.html
　（「長沢伸也」を検索して最初か二番目に出ます）

出所：長沢伸也（2021a）「早稲田大学総合研究機構2020年度研究成果報告会2日目『コロナ禍だからこそ永く使える価値ある製品、文化を創るブランドを目指せ』」基調講演資料、早稲田大学総合研究機構・ラグジュアリーブランディング研究所、p.1

【司会】　ありがとうございました。続きまして、早稲田大学ラグジュアリーブランディング研究所所長、早稲田大学ビジネススクール教授の長沢伸也先生による基調講演を開始いたします。長沢先生、よろしくお願いします。

【長沢】　早稲田大学ラグジュアリーブランディング研究所の長沢でございます。テーマとしては「コロナ禍だからこそ、

暮らしと製品・ブランドが見直される」ということで、45分間ご説明したいと思います（図表2－1）。

なお、私の著書、あるいは学術論文に関しましてはグーグルなどで「長沢伸也」を検索していただきますと最初か二番目に出てまいりますので、それを見ていただければ幸いです。

これからお示ししますスライド、あるいは写真は著作権や、私の著書であっても出版社にも版権がありますので、資料の配布や録画はできません。ご容赦ください。この版権や著作権をクリアにしたうえで、今日の講演録を夏頃に緊急出版する予定（注：本書のこと）ですので、少し間は空きますがそれを見ていただければ幸いでございます。

ラグジュアリーブランディング研究所主催シンポジウム・講演会の紹介

先ほど川上教授から案内がありましたように、前回、２０１7年に開催した「日本のこ

図表2-2　早稲田大学ラグジュアリーブランディング研究所主催「日本の“こだわり”が世界を魅了する」シンポジウム（2017年1月開催）

(a)　ポスター　　(b)　講演録

原出所：長沢伸也編著（2017）『日本の“こだわり”が世界を魅了する―熱烈なファンを生むブランドの構築―』海文堂出版、カラー口絵およびカバー表紙
出所：長沢伸也（2021a）前掲資料、p.2

だわりが世界を魅了する」シンポジウムは、同名の講演録（海文堂出版、２０１７年）になっております（図表2-2）。

レクサスの澤良宏バイスプレジデント（当時）、昨日の第一日目にもご出演になられていたスノーピークの山井太社長（当時。現会長）、能作の能作克治社長、そしてビームスの遠藤恵司副社長、そして経済産業省伝統工芸品産業室長（当時）でいらっしゃいました中内重則様にもご登壇いただきまして、これでトークセッションを開催いたしました。残念ながら設置期限が満了となりますので、この3月に当研究所は活動を終了いたします。

そこで、盛大なシンポジウムを開催するべく、本当は前回と同じく大隈講堂で開催しようと思ったのですが、コロナ禍でリモート開催になってしまいました。私、実は今、ドイツのボン大学から中継しております。一時帰国してシンポジウムに出席しようと思っておりましたところ、遠隔リモート開催になりましたし、予約した帰国便も欠航になってしまいましたので、そのままドイツから出演しております。

２０１６年には、ルイ・ヴィトン［Louis Vuitton］の「空へ、海へ、彼方へ」という紀尾井町で開催された展示会の特設会場で講演会を持ちましたり、３・１フィリップ リム［3.1 Phillip Lim］というＮＹコレクションブランドのデザイナー、フィリップ・リム［Phillip Lim］と共同創業者のウェン・ゾウ［Wen Zhou］ＣＥＯがブランド創立10周年というので揃って来日する機会をとらえて井深記念ホールで講演会を開催しました（図表2-3）。２０１５年には「呼吸する靴」ＧＥＯＸのマリオ・ポレッティ・ポレガード［Mario Moretti Polegato］創業会長が講演になられました。ドミニコ・ジョルジ［Domenico Giorgi］、イタリア共和国駐日大使（当時）までご臨席された講演会です。

図表2－3　早稲田大学ラグジュアリーブランディング研究所主催シンポジウム・講演会

(a)「空へ、海へ、彼方へ―旅するルイ・ヴィトン展」特別講演会「ルイ・ヴィトンと日本」(2016年6月開催)

(b)「3.1フィリップ リム (3.1 Phillip Lim) 特別講演会」(2016年3月開催)

(c) 公開講演会「マリオ・モレッティ・ポレガート [Mario Moretti Polegato] 伊GEOX創業者講演会」(2015年10月開催)

(d)「日本発、ラグジュアリーブランドへの挑戦」シンポジウム (2014年9月開催)

原出所：長沢伸也編著（2017）前掲書、p.7、図表2
出所：長沢伸也（2021a）前掲資料、p.3

図表2－4　早稲田大学ラグジュアリーブランディング研究所主催「日本発、ラグジュアリーブランドへの挑戦」シンポジウム（2014年9月開催）

(a)　ポスター

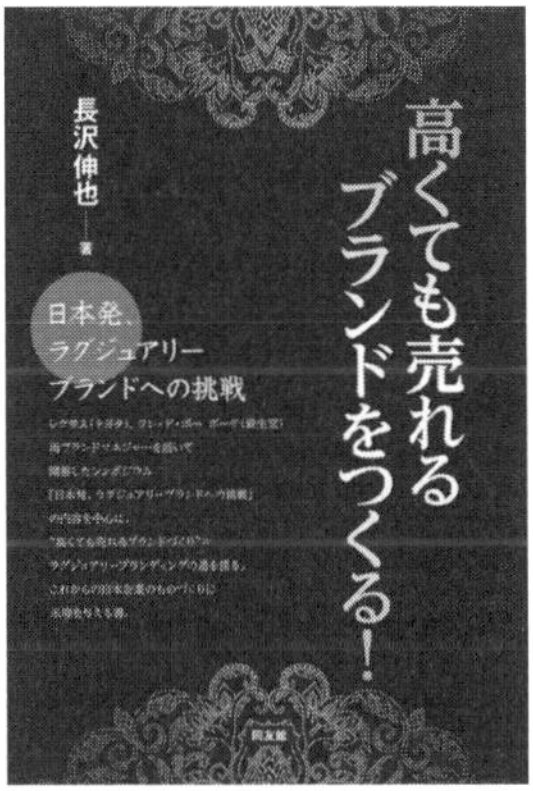

(b)　講演録

原出所：長沢伸也著（2015）『高くても売れるブランドをつくる！―日本発、ラグジュアリーブランドへの挑戦―』同友館、カラー口絵およびカバー表紙
出所：長沢伸也（2021a）前掲資料、p.4

2014年にはレクサス［Lexus］のブランド・マネジメント部長（当時）の高田敦史様と資生堂クレ・ド・ポー ボーテ［Clé de Peau Beauté］のブランド部長（当時）の藤井恵一様を招いてシンポジウムを開催しました。このシンポジウムの講演録も『高くても売れるブランドをつくる！』（同友館、2015年）として出版しております（図表2－4）。

自己紹介

同書の中で私の紹介も出ておりますが簡単に自己紹介を申します。現在は早稲田大学に勤務しておりますが、それまでに公募で産業能率大学、再び公募で亜細亜大学、三たび公募で立命館大学、そして出身校ではありますが四たび公募で早稲田ビジネススクールと、4回公募で異動しております（図表2-5）。日本の大学の先生は卒業した大学にずっと残って、企業も他の会社も他の大学も経ずにいるという人が多いので、「大学教授のイノベーション」と申すのは大げさでありますが、私はファイトがあるというふうにご理解ください。

またおこがましくも、自分で国際的実力派といっておりますが、フランスのESSECビジネススクール、あるいはパリ政治学院の客員教授を務めたり、LVMHモエヘネシー・ルイヴィトン寄付講座を世界で二番目、もちろん日本初で実施しております。国際会議でもいろいろ活躍しております。あと、今日現在、編著書・訳書は125冊まで仕掛かり中です（印刷中を含む）。本ばかり書いているかというと、論文もたくさん書いてい

図表2－5　長沢伸也　経歴：大学教授のイノベーション？

1978年3月	早稲田大学理工学部工業経営学科卒業、工学士
1980年3月	同大学院理工学研究科機械工学専攻博士前期課程修了、工学修士
1980年4月	日本軽金属株式会社技師、北海道・苫小牧工場勤務
1981年10月	明治大学工学部精密工学科専任助手
1986年12月	環境アセスメント手法の研究により工学博士（早稲田大学）
1988年4月	公募により産業能率大学経営情報学部情報学科専任講師
1990年4月	公募により亜細亜大学経営学部講師、助教授
1995年4月	公募により立命館大学経営学部教授（1998年より同環境・デザイン・インスティテュート教授併任）
2003年4月	公募により早稲田大学大学院アジア太平洋研究科専門職学位課程国際経営学専攻（WBS）MOT専修教授、理工学研究科兼担教授
2007年4月	同大学大学院商学研究科ビジネス専攻（WBS）専門職学位課程MOT専修教授（改組による）、基幹理工学研究科および環境・エネルギー研究科兼担教授
2016年4月	同大学大学院経営管理研究科（WBS）（専門職大学院）教授（改組による）、基幹理工学研究科および環境・エネルギー研究科兼担教授、現在に至る

原出所：長沢伸也著（2015）前掲書、p.8、資料4を加除修正
出所：長沢伸也（2021a）前掲資料、p.5

て457編、その半数近くは英語です。やはり、「大学教授のイノベーション」と称するのは大げさですが、著書・論文とも平均的な大学教授より少なくとも一桁は多いと思います（図表2-6）。

あと、「ラグジュアリー・リサーチ・ジャーナル［Luxury Research Journal］」をはじめとする国際学術雑誌5誌の編集委員もしくは編集顧問を務めております。これ

図表2－6　長沢伸也　自己紹介：大学教授のイノベーション？

1．国際的実力派

➢フランス ESSEC ビジネススクールおよび Sciences Po（パリ政治学院）客員教授

➢LVMH モエ ヘネシー・ルイ ヴィトン寄附講座（世界で2番目）、プロロジス寄附講座教授

➢国際会議・内外学会で基調講演・招待講演多数：Helsingborg, Rīga, Neuchâtel 他

➢国際学術雑誌編集委員・編集顧問：Luxury Research Journal (Inderscience), Journal of Global Fashion Marketing (Routledge), Luxury: History, Culture, Consumption（同）, Int. Journal of Qual.& Service Sciences (Emerald), Journal of Marketing Trends

2．圧倒的な出版実績・研究業績

➢著書125冊：和書104冊・英9冊・中（繁体字）5冊・韓5冊・タイ語版1冊・中（簡体字）1冊

➢論文457編：日本語244編、英語212編、中国語1編、学会等学術発表578件

3．マスコミ出演・マスメディア登場多数

➢NHK「クローズアップ現代」、讀賣テレビ「ミヤネ屋」、日本テレビ「News Zero」、毎日テレビ「VOICE」、BS11「報道ライブ」、FM TOKYO、J-WAVE 等、TV ドラマ「サバイバル・ウェディング」監修

➢日本経済新聞、讀賣新聞、毎日新聞、産経新聞、環境新聞、エコノミスト、プレジデント、月刊 事業構想等

原出所：長沢伸也著（2015）前掲書、p.6、資料3を加除修正
出所：長沢伸也（2021a）前掲資料、p.6

らのほとんどで日本人は私だけという状況であります。

これ（掲載省略）が「ミヤネ屋」という番組に出た時です。最近ＬＶＭＨがティファニー［Tiffany & Co.］を買収しましたが、ブルガリ［Bulgari］を買収した時です。「クローズアップ現代」、これは環境のほうの話でしたが出演したことがあります。あと、２年半ほど前に放映されたテレビドラマで「サバイバル・ウェディング」という、伊勢谷友介が演じるファッション雑誌編集長が波瑠さん演じるアラサーの女性編集者に、「シャネル［Chanel］はこうやって高飛車に売っているから、お前も見習って高く売れ」という婚活ドラマで、ラグジュアリーの監修をしたりしたことがあります。

文化を創るようなラグジュアリーを目指そう！

ここから本題の「コロナ禍だからこそ、暮らしと製品・ブランドが見直される」、そして、「コロナ禍だからこそ、長く使える価値ある製品、文化を創るブランドを目指せ！」というお話に入ってまいります（図表2-7）。

図表２－７　コロナ禍だからこそ、長く使える価値ある製品、文化を創るブランドを目指せ！

・コロナ禍では本物が求められる、それは職人技の詰まった価値ある製品、文化を創るブランド≒ラグジュアリーだ。
・エルメス［Hermès］は1837年創業のパリの街角の馬具屋だ、ジャガー・ルクルト［Jaeger-LeCoultre］は標高1,000mのスイスの山奥の町工場だ。日本にはそれより古い老舗やこだわりのものづくりをする地場伝統企業が多いのに後継者が居なくて潰れそうなのは大きな間違い。
・衣・食・住のすべて、ファッションでも、ワインでも、時計でも、金属加工製品でも、その土地に根づき、職人技が光っていて「用の美」［l'art de vivre］で文化を創るような高くても売れる「こだわり」の製品、高くても熱烈なファンの居るブランド≒ラグジュアリーを目指そう！

出所：長沢伸也（2021a）前掲資料、p.7

コロナ禍では本物が求められる。それが職人技の詰まった、価値ある製品文化を創るブランド≒（ニヤリー・イコール）ラグジュアリーだと思います。ラグジュアリーだというと、オートクチュール（高級誂え服）、あるいは宝飾や時計ブランドなどの欧米のブランドのことで、わが社には関係ないという先入観を持つ方が多いので、わざとぼかしています。

エルメス［Hermès］は１８３７年創業のパリの街角の馬具屋・鞍《くら》屋です。ジャガー・ルクルト［Jaeger-LeCoultre］は標高１００メートルのスイスの山奥にある町工場です。村工場といってもいいですね。日本にはそれより古い老舗やこだわりのものづくりをする地場伝統企業が多いのに、売上が低迷し、後継者もいなくて潰れそうなのは大きな間違いであると思います。

衣食住、ここで衣とは装いも含めて衣といっておりますけれども、ファッションでも宝飾でも時計でも、ワインでも金属加工製品でも、実はこれらは今日のパネリストの方々を想定していますが、その土地に根づき、職人技が光っている。日本語では「用の美」といいますが、フランス語でも「アール・ド・ヴィーヴル［l'art de vivre］」、生活の芸術みたいなことを指す言葉があります。そういう文化を創るような、そして高くても売れるこだわりの製品、高くても熱烈なファンのいるブランド、すなわちラグジュアリーを目指そう！というのが今日のテーマでもありますし、私の基調講演の主張でもあります。

願わくば、この後のパネルディスカッションも、こういう結論に収斂《しゅうれん》していただければ幸いです。予定調和などといわれそうですが、これに向かって議論を進めていきたいと思います。

ラグジュアリーブランドは、パリの街角の老舗やスイスの山奥の町工場

ラグジュアリーブランドというと、多くの人が思い浮かべるであろうエルメス。パネリストのアルルナータ寺西代表は、エルメスでデザイナー兼パタンナーをやっていらっしゃいました。エルメスというと、パリのフォーブル・サントノレ通り［Rue du Fourbourg Saint-Honoré］にある本店は大変有名ですが、実はパリ19区に接した北東部郊外のパンタン［Pantin］という地区にエルメスのアトリエがあります（図表2-8）。

本店の屋上にも銅像のお馬さんがいますが、このアトリエの屋上にもお馬さんがいます。ここに「アトリエ・エルメス［Ateliers Hermès］」とあります。一階のメインホールにもこのように（掲載省略）お馬さんがいて、ああエルメスだなとわかるわけです。寺西代表のかつての職場だったところですので、「懐かしい！」と感激された一方で、「ほとんどの人はアトリエを知らないのに、さすがはラグジュアリーの先生だ」と感心されました。このようにエルメスは、老舗であるだけでなく、ものづくりの工房でもあるのです。

図表2－8　エルメス工房［Ateliers　Hermès］（パリ郊外パンタン［Pantin］）

撮影：長沢伸也
出所：長沢伸也（2021a）前掲資料、p.8

これ（掲載省略）はルイ・ヴィトン［Louis Vuitton］のパリ8区シャンゼリゼ通り［Avenue des Champs-Élysées］の本店です。ここへ行った方、お買物した方も多いと思いますが、ルイ・ヴィトンの本社というのはパリ1区ポン・ヌフ通り［Rue du Pont Neuf］にあります。ここ（掲載省略）にLVとかすかに見えております。さらに、これは官営富岡製糸工場です、というのは冗談でして、ルイ・ヴィトンのパリ17区から外郭環状道路とセーヌ川を越えた北西部郊外アニエール＝シュル＝セーヌ［Asnières-sur-Seine］という地区の、その名もルイ・ヴィトン通り［Rue Louis Vuitton］にある昔の本社、かつ今でも現役の主力工

図表2－9　ルイ・ヴィトン［Louis Vuitton］旧本社工房（パリ郊外アニエール＝シュル＝セーヌ［Asnières-sur-Seine］）

撮影：長沢伸也
出所：長沢伸也（2021a）前掲資料、p.9

房です（図表2－9）。

アニエール工房が富岡製糸工場に似ているのは訳があります。富岡製糸工場というのは明治新政府がフランスの製糸工場を視察した後、技術者とか4名のフランス人をお雇い外国人として招いて開いておりますので、建物とかがちょうどその頃、1854年創業のルイ・ヴィトン旧本社と似ていると納得しております。ですから、エルメスもルイ・ヴィトンも町工場が世界的ラグジュアリーブランドになった。あるいは、パリの街角の冴えない馬具屋・鞍屋、あるいはトランク屋・鞄屋が世界的ラグジュアリーブランドになったわけです。

ちなみに、これ（掲載省略）はルイ・ヴィ

トンのアニエール工房の中です。許可をもらって撮影したのですが、あまり本とかに載せてはいけないといわれたので貴重です。訪問当時いっぱい作っていたマルチカラーという村上隆デザインのカラフルな鞄を作っていました。隣接する建物はかつてのルイ・ヴィトン家の邸宅で、そこが今はゲストハウス兼ミュージアムになっています。歴史的トランクや、年代物の鞄が陳列されている博物館になっております（掲載省略）。

一方、スイスのジュネーブの北側、山を一つ越えたジュー渓谷［Valée de Joux］にジュー湖（ラック・ド・ジュー［Lac du Jeux］）という、水面標高1004メートルの湖があります。これは去年の7月に撮った写真です（掲載省略）。真夏でしたが気温が21～22度しかなくて、白鳥がいました。この湖畔に高級時計ブランドのジャガー・ルクルトの本社があります（図表2-10ⓐ）。だから、標高1010メートルぐらいの山奥の町にある町工場がジャガー・ルクルトで、世界中にその名を轟かせているということになります。

ちなみに本社は工房（アトリエ）でもあるのですが、博物館もあります。このオブジェのようなのは、時計のムーブメント、つまり機械の心臓部がいっぱい吊り下げられて飾られています（図表2-10ⓑ）。

エルメスも、ルイ・ヴィトンも、ジャガー・ルクルトも、これらはラグジュアリーブラ

図表2-10 ジャガー・ルクルト［Jaeger-LeCoultre］本社マニュファクチュール（ル・サンティエ［Le Sentier］）

(a) 全景

(b) 本社内の博物館でのムーブメントの展示（オブジェのように吊り下げられている）

原出所：ジャガー・ルクルト提供（長沢伸也編著、杉本香七共著（2021）『カルティエ 最強のブランド創造経営―巨大ラグジュアリー複合企業「リシュモン」に学ぶ感性価値の高め方―』東洋経済新報社、p.81、図表3-5およびp.118、図表4-1）

出所：長沢伸也（2021）前掲資料、p.10

ンドといっても、町工場、あるいは地場伝統ものづくり企業がラグジュアリーになったということです。だから、日本で地場伝統ものづくり企業が潰れそうとか廃れそうというのは大きな間違いで、むしろラグジュアリーとして世界に飛躍できると本当に思っております。

コロナ禍での変化

コロナ禍での変化についてみてみましょう（図表2-11）。

まず社会が質的、量的に急激に変化したのは間違いありません。緊急事態宣言というのは、飲食店に対する営業時間の短縮要請、外食自粛の要請、テレワークの推進などとなっております。ちなみに今、私が滞在しているドイツはそんなものではなくて完全にロックダウン（都市封鎖）ですから、お店で開いているのはスーパーとパン屋さんと薬局だけです。日本はまだまだそこまではいっていないわけですので、うらやましい限りです。

あと企業が質的、量的に急激に変化した。これも間違いないと思います。特に新型コロ

図表２-11　コロナ禍での変化：社会・企業・働き方・暮らしが変化

- 社会が質的・量的に急激に変化：「緊急事態宣言」＝飲食店に対する営業時間短縮要請、外出自粛の要請、テレワークの推進など
- 企業が質的・量的に急激に変化：「新型コロナウイルス関連倒産」＝ビジネスモデルの綻びなど構造的問題が顕在化・加速化？
- 働き方が質的・量的に急激に変化：「出勤者数の７割削減」を目指し、テレワークやローテーション勤務、時差通勤の奨励・実施
- 暮らしが質的・量的に急激に変化：「ステイホーム」＝不要不急の外出や移動の自粛要請
- 暮らしの時間(T)・場所(P)・機会(O)が質的・量的に急激に変化：仕事でも出掛けず、他者に会わず独りまたは家族だけでほとんど自宅に居る
- 暮らしにおける意識が質的・量的に急激に変化：衣（装いを含む）・食・住の見つめ直し・見直し
- コロナ禍でも、コロナ禍だからこそ：閉塞感や不安感がいっぱいの中、余儀なくされる「おうち時間」「おうち生活」を快適に、堅実に充実することが求められる

出所：長沢伸也（2021b）「コロナ禍における商品開発・管理―本物が求められる時代、日本製品が世界を魅了するために―」基調講演資料、商品開発・管理学会第35回全国大会講演・論文集、p.6

ナウイルス関連倒産が１０００件近くなっているようでありますが、これはビジネスモデルの綻びなど、構造的問題が顕在化、加速化しただけ。だからコロナ禍がなくても早晩、５年か10年で行き詰まるのが、コロナ禍のために１年かそこらでばたばたと破綻しただけだという見方もあるようです。

さらに、働き方が質的、量的に急激に変化した。これは出勤者数の７割削減というのが政府目標でありまして、テレワークやローテーション勤務、時差通

勤の奨励、実施。それと暮らしが質的、量的に急激に変化いたしました。ステイホームで不要不急の外出や移動の自粛要請がなされている。国民の皆さんはそれに従っているわけであります。そうすると、ファッションのＴＰＯなんていいますが、暮らしのＴＰＯ、つまり時間と場所と機会が質的、量的に急激に変化したのではないかと思われます。仕事でも出掛けず、他者に会わず、一人または家族だけでほとんど自宅にいるという生活に変わったのではないでしょうか。

そうすると、暮らし全般が質的、量的に急激に変化した。ということは、暮らしにおける意識も質的、量的に急激に変化したはずです。だから装いを含む衣やファッション、食、住の見つめ直し、見直しを当然意識せざるを得ない。するとコロナ禍でも、いやコロナ禍だからこそ、閉塞感や不安感がいっぱいのなかで、「おうち時間」とか、「おうち生活」とかのようにマスコミでもいわれているようですが、これを快適に、かつ堅実に充実することが求められている。こういう消費者心理になっているのではないかと私は考えております。

ここからは、4月に東洋経済新報社から出版する『カルティエ最強のブランド創造経営』という、私の117冊目となる本の内容からご紹介いたします。この中で、新型コロナウイルスの影響や見通しについて、カルティエ［Cartier］などの親会社であるリシュモン［Richemont］というLVMHに次ぐ巨大ラグジュアリー・コングロマリットのヨハン・ルパート［Johann Rupert］会長が、2020年3月通期決算発表会に登壇して語った内容を紹介しております（図表2-12ⓐ）。

3つ、彼は言っておりまして、一つ目が「丈夫で長持ちする商品、環境対応商品へのシフト」が加速するだろう。使い捨てとか意味のない贅沢品から丈夫で長持ちする環境対応商品にシフトするだろう。だから、「一次停止」ではなくて「リセット」の時だ。ワンシーズンしか着られないようなものを買おうとは思わなくなるので見直すのだということです。

この環境対応ということだけで一日シンポジウムしなければいけないぐらい大きなテーマですのではしょります。それでも、念のため言いますと、ラグジュアリーというと何か不要不急で環境に優しくないと思い込んでいる方が多いのですが、断じて違います。ラグジュアリーは環境を汚していない。丈夫で長持ち、たとえばエルメスのバッグなんかはぼろぼろになってもゴミ箱に捨てる人はいません。町中にある中古ブランド店は、わざわざ「ぼろぼろでも構いません、高値で買い取ります」と言っているぐらいですから、決してゴミにならないわけです。

環境を汚したのは、大量生産、大量消費、大量廃棄をやったマスマーケティングのブランドであって、ラグジュアリーは決して環境を汚していません。むしろ捨てられてゴミにならないという意味では環境に優しいということは強調しておきたいと思います。

ルパート会長が指摘する二番目は「控えめなラグジュアリーへの転換」です（図表2-12(b)）。「控えめなラグジュアリー」は、ディスクリート・ラグジュアリーと専門的には申しますが、慎み深いラグジュアリー、あるいは奥ゆかしいラグジュアリーという意味です。この反対は、従前の「見せびらかしラグジュアリー」です。専門的には顕示的ラグジュアリーとか、顕示的消費（コンスピキュアス・コンサンプション）と申しますが、それから慎み深いラグジュアリーへの転換が進むだろう。だからこれ見よがしに自分や富をひけらかすのではなくて、やっぱり暮らしを充実するラグジュアリーに移るだろうという意味だと思います。そして三番目は、二番目の「控えめなラグジュアリー」とも関連しますが、「永続的な価値、デザイン性の高さやクラフツマンシップの見直し」です。

高価でも納得してもらえるので、長期的に見ればジュエリーなどのハードラグジュアリーの強さは盤石であると、こう言っております（図表2-12(c)）。

もちろん、彼は立場的にそういうふうにセールストークを言わなければいけないのかも

図表２－12　新型コロナウイルスの影響（リシュモン［Richemont］会長ヨハン・ルパート［Johann Rupert］）

(a)「丈夫で長持ちする商品」「環境対応商品」へのシフトの加速

・リシュモン［Richemont］の2020年３月通期の決算発表会で、ヨハン・ルパート［Johann Rupert］会長は、新型コロナウイルスの影響がもたらす消費動向の変化や今後の展望などについても語った。これによると、新型コロナの影響は大きく、事態の収束後には消費動向や社会通念、考え方や生活様式などが劇的に変化すると予想している。

①「丈夫で長持ちする商品」「環境対応商品」へのシフトの加速

・この中でまず、「使い捨ての商品」や「意味のない贅沢品」から、「丈夫で長持ちする商品」「環境対応商品」にシフトが加速するという見通しを述べた。

・同会長は、「私はこの前例のない未曽有の事態を、〝一時停止〟ではなく〝リセット〟の時だと考えている。リシュモンでは使い捨ての商品や、意味のない贅沢品は取り扱っていない。私はワンシーズンしか着られないようなものを買おうとは思わないし、私の母や妻も同様だ。われわれはこれまで天然資源を野放図に消費し、気候変動などというものはないかのように振る舞い、プラスチックを大量に廃棄してきた。しかしこれを機に、さまざまなことを考え直すべきだ。そういう意味では、このような危機が再考のきっかけになっている」と述べた。

(b)「ディスクリート（慎み深い）ラグジュアリー」への転換と永続的な価値、デザイン性の高さやクラフツマンシップの見直し

②「ディスクリート（慎み深い）ラグジュアリー」への転換

・ルパート会長はまた、「見せびらかし（顕示的）ラグジュアリー」から、「ディスクリート（慎み深い）ラグジュアリー」への転換が進むという見通しも示した。

・「外出制限中は食器類など家で過ごす時間をより楽しくするためのものがよく売れた。今後もその傾向は続くと思う。これみよがしに富をひけらかすような行為は品がないと眉をひそめられるようになる一方で、職人技が光る、高品質だが控えめな住まいの商品の需要が高まるのではないか」「社会の分断が進んだ結果、富をひけらかすことは今後さらにひんしゅくを買うと思う」と語った。

③永続的な価値、デザイン性の高さやクラフツマンシップの見直し
・さらに、ラグジュアリー業界については、当面は海外旅行が難しく観光客の増加が見込めないことから、短期および中期的にはパンデミックによる一定の影響があるものの、長期的に見てジュエリーなどのハードラグジュアリーの強さは盤石だとルパート会長は見ている。

(c) デザイン性の高さやクラフツマンシップの見直し（続き）およびコロナ禍での商況

・同会長は、「当社の傘下ブランド『カルティエ』や『ヴァン クリーフ＆アーペル』は顧客から長く愛されており、その商品には永続的な価値がある。もちろん宝石や金が使われているということもあるが、むしろデザイン性の高さやクラフツマンシップが評価され、高価でも納得してもらえるのだと思う」と分析した。
・さらに、「リシュモンのような大手ラグジュアリー企業には、職人の雇用を守る役割があるが、雇用創出や職人技を継承していく重要性は消費者からもいっそう理解されるようになった」と語った（以上、『WWD ジャパン』2020年6月8日号、5面）。
・これを裏付けるように、日本で緊急事態宣言が一旦解除された後の20年6～7月で、新宿伊勢丹本店宝飾部門での前年同期比伸長率1位ブランドはカルティエ（30%増）だった。
・「休業中のブライダル需要の反動が見られた。高価格帯のウオッチ（特に紳士）の動きも良い」とのコメントであった。（『WWD ジャパン』2020年9月21日号、14面）

原出所：長沢伸也編著、杉本香七共著（2021）前掲書、pp.62-63、COLUMN（WWD ジャパン（2020）「リシュモン会長が予測する消費動向の変化」、『WWD ジャパン』2020年6月8日号、5面および「有力42店に聞いた9分野の春夏商況」、14面を編集）
出所：長沢伸也（2021a）前掲資料、pp.13-15

知れませんが、それを割り引いても良いことを言っているなと思っております。

日本では今、二度目の緊急事態宣言中ですが、初めの緊急事態宣言が一旦解除された後の6~7月に新宿伊勢丹の宝飾部門で前年比成長率第1位のブランドはリシュモン傘下のカルティエで、30%増だったとのことです。休業中のブライダル需要の反動、あと高価格帯のウオッチ、特に紳士用時計の動きもよいという担当者のコメントがあったぐらいですので、今回の二度目の緊急事態宣言も解除されればこうなるのではないかと思っております。

コロナ禍でも売れるラグジュアリー製品

リシュモンのルパート会長の「ラグジュアリーの強さは盤石である」という言葉を裏づけるような日本の百貨店のデータが出ました。『WWDジャパン』が全国26百貨店の特選売場に行った8~12月の商況アンケートの集計・分析結果です。同紙は半期に一度、全国の百貨店に売れ筋に関するアンケート調査を実施して別冊「ビジネスリポート」にまとめ

図表２-13　2020年秋冬売れたもの特集 消費キーワードはイエナカ、高額品、定番…etc

- 『WWD ジャパン』が全国26百貨店の特選売場に行った８～12月の商況アンケートによると、コロナ禍による免税売上消失や外出自粛を受け、2020年秋冬の百貨店売上は、春夏に続き、大ダメージを受けている。
- ただし、その中で比較的堅調なのが特選（ラグジュアリー）。百貨店の全体売上よりも落ち込み幅は小さい。国内客の売上に限れば「８～12月は前年同期比12％増」（阪急うめだ本店）という。
- 全世代共通の傾向として浮かび上がったのは、“イエナカ消費”、いいものを長く持ちたいという“定番品への信頼”といったキーワード。
- “イエナカ消費”の筆頭は「エルメス」のクッションやテーブルウエアなど。
- “定番品への信頼”は地方店・郊外店でもよく売れた「ルイ・ヴィトン」のモノグラムアイテム。
- 商況アンケートで、「エルメス」は伸長率ランキング２位、「ルイ・ヴィトン」は同４位にランクインしたが、売上規模がもともと大きい両ブランドが伸長したことは、特選全体を底上げした。（以上、『WWD ジャパン』2021年２月22日号、４-５面）

出所：WWD ジャパン（2021a）「2020年秋冬売れたもの特集 消費キーワードはイエナカ、高額品、定番…etc」、『WWD ジャパン』、2021年２月22日号、４-５面
出所：長沢伸也（2021b）前掲稿、p.8

ています。これが出たのが２０２１年２月でしたので成果報告会には間に合いませんでしたが、ご紹介します（図表２-13）。

コロナ禍による免税売上消失や外出自粛を受け、２０２０年秋冬の百貨店の売上は、春夏に続き、大ダメージを受けています。ただし、その中で比較的堅調なのが特選（インターナショナルブランド、つまりラグジュアリー）で、百貨店の全体売上よりも落ち込

みは小幅に留まっています。訪日外国人客による免税売上が消失したので落ち込んだものの、国内客の売上に限れば「8～12月は前年同期比12％増」（阪急うめだ本店）、「2桁増」（松屋銀座本店）とのことです。

コロナ禍による免税売上は霧消したものの、百貨店特選は「コロナなんてどこ吹く風」というくらい国内富裕層に支えられ堅調・好調です。もともと免税売上の低い地方・郊外店では、堅調どころか2桁増との声も少なくなかったのです。株高、海外旅行や外出の制限が富裕層を高額消費に向かわせていると分析されています。

ミレニアル世代などの世代ごとの分析は省略しますが、全世代共通の傾向として浮かび上がったのは、〝イエナカ消費〟、いいものを長く持ちたいという〝定番品への信頼〟といったキーワードです。

〝イエナカ消費〟の筆頭は「エルメス」のクッションやテーブルウエアなど、また、〝定番品への信頼〟は地方店・郊外店でもよく売れた「ルイ・ヴィトン」のモノグラムアイテムとのことですので、要するにラグジュアリー製品です。

この商況アンケートで、「エルメス」は伸長率ランキング2位、「ルイ・ヴィトン」は同4位にランクインしたが、売上規模がもともと大きい両ブランドが伸長したことは、特選全体を底上げしたと分析されました（以上、『ＷＷＤジャパン』２０２１年2月22日号、4-5面）。

さらに、ジュエリー、時計、婦人服、紳士服、バッグ、シューズなどのカテゴリーごとの売れ筋と消費動向が続きます。その中で、ジュエリーでは、「全体的に来客数は減ったが、客単価は上がっている」、「富裕層はより資産性の高い高額品への関心が今まで以上に高まり、稀少性の高い宝石やハイジュエリーの購入が目立つ」ことから、コロナの影響で、より良いものを求めるという消費動向の変化が見られるとしています。

時計でも、「コロナショックを受けて来客数が激減するなど全体としては苦戦したが、富裕層の購買意欲は旺盛だった」、「二極化がさらに進行した」とのことです。購入者が指標としたのは資産価値が目減りしない時計、つまり王道のブランドなりモデルだったとしています。ビジネスリポート全体のランキングでは、支持を集めたのは〝キング・オブ・ウオッチ〟である「パテック フィリップ［Patek Philipe］」や「ロレックス［Rolex］」、世界最古の時計ブランド「ヴァシュロン・コンスタンタン［Vacheron Constantin］」、日本を代表する「グランドセイコー［Grand Seiko］」など王道ブランドだったそうです。

また、２０２０年8～12月期の時計カテゴリーにおいて、コロナ禍で他の百貨店では2

桁減もあるなか、阪急うめだ本店の伸長率は前年同期比40％増と突出していたという、驚くべき速報が出ていました。同店では、前年同期比415％増と伸長率がダントツだったのが「オフィチーネ　パネライ［Officine Panerai］」、伸長率2位は同149％増の「IWCシャフハウゼン［IWC Schaffhausen］」だったとのことです（以上、『WWDジャパン』、2021年2月22日号、4面および同別冊「百貨店全国41店舗ビジネスリポート」、32頁）。

その後、担当責任者へのインタビューが載り、興味深かったのでご紹介します（図表2-14）。

同店では、2020年春に売場を約2・5倍に増床しました。百貨店の時計売場は現在、「面積を広げる＝良い商品が並ぶ」という勝ち組ブランドの売り手市場になっているとのことです。

そして、ブランドによる直営店化で品揃えを強化しました。直営店化のメリットは、ラインアップが増え、直営店限定モデルを販売できる点であり、限定モデルの確保は時計において売上に直結するとのことです。直営店化によって、想定を上回る伸長率で、売上が2～4倍になったブランドも多いそうです。一方で、コロナショックを受けて半減してしまったブランドもあって、二極化が進んでいるとの見解です（同）。

図表２-14　時計 うめだ阪急ばかりがなぜ売れる？ コロナ禍でも前年同期比40％増！

・好調のわけ：2020年春に売場を約2.5倍に増床、ブランドによる直営店化で品揃えを強化、Zoom を使って顧客に臨場感を提供
・（直営店化によって）売上が２～４倍になったブランドも多い。一方で、コロナショックを受けて半減してしまったブランドもある。二極化が進んでいる（西田健太 阪急阪神百貨店 第１店舗グループ ラグジュアリー商品統括部 ジュエリー＆ウオッチ商品部マーチャンダイザー）。
・（直営店化のメリットは）ラインアップが増え、直営店限定モデルを販売できる点だ。時計において、限定モデルの確保は売上に直結する（同）。
・（オンラインで）予約制のデジタル接客、工房の様子、本国のディレクターの話、店長による個別セッションでブランドや新作について深掘り（同）。
・「面積を広げる−良い商品が並ぶ」という勝ち組ブランドの売り手市場に。
・ビジネスリポート全体のランキングでは、支持を集めたのは“キング・オブ・ウオッチ”である「パテック フィリップ」や「ロレックス」、世界最古の時計ブランド「ヴァシュロン・コンスタンタン」、日本を代表する「グランドセイコー」など王道ブランド（以上、『WWD ジャパン』2021年３月８日号、16面）。

出所：WWD ジャパン（2021b）「時計　うめだ阪急ばかりがなぜ売れる？　コロナ禍でも前年同期比40％増！」、『WWD ジャパン』、2021年３月８日号、16面
出所：長沢伸也（2021b）前掲資料、p.8

　また、阪急うめだ本店では、Ｚｏｏｍを使って顧客に臨場感を提供しました。具体的には、予約制のデジタル接客を行ったり、海外や遠方の生産地とつないで工房の様子を伝えたりしました。本国のディレクターに話を聞くなど、お客様に臨場感を味わってもらっています。また、店長による個別セッションも実施しています。店長はいつでも会える存在と思うかもしれませんが、特別に時間を取っ

て、ブランドや新作について深掘りすることで人気を博しています。コロナ禍の中でのビジネスのあり方として非常に参考になります。

なお、阪急うめだ本店はコロナ以前に、ジュエリー&ウオッチの13~15%が免税売上という店舗でしたが、訪日外国人客が消滅しても、なお業績を伸ばしています。これは、日本人客に時計が売れて、さらに、売れる時計の中心が70~100万円と上振れしたことによります。「コロナによる世の中の一時停止状態を受けて、十分な時間の中で消費者が〝今、本当に必要なもの〟を考えた結果、〝高くても良いものを〟という選択肢が残ったのだと思う」と担当者は語っています。

ラグジュアリーブランドの決算を見ても、たとえばエルメスは2020年7~9月期で4・1%増収でした(https://www.wwdjapan.com/articles/1152729)。また、LVMHは好調な業績回復を受けて、21年4月に開催される株主総会で増配を決定すると報じられています(https://www.wwdjapan.com/articles/1171370)。このように、ラグジュアリーブランドは確実に強さを見せています。

以上が、コロナ禍で消費者マインドがどう変わるか、とくに宝飾や時計といったラグジュアリーで消費者マインドがどう変わったかという話であります。

禍や不況にも強いラグジュアリーブランド

このように、コロナ禍の中でラグジュアリー時計の売上が伸びているとか、勝ち組ブランドの売り手市場、二極化が進んでいる、王道ブランドが支持されている、〝高くても良いもの〟が選ばれるなどのことは、意外に思われるかもしれません。

実は、ラグジュアリーブランドは、禍《わざわい》や不況にも強いのです（図表2-15）。

これまでも、リーマンショック（2008年）、東日本大震災（2011年）、コロナ禍（2020年〜）…大きな禍が起こるたびに、消費が冷え込み、マスコミや識者は「不要不急かつ贅沢なラグジュアリーはもう駄目だ」と言いました。

しかし実際には、ラグジュアリー全体の世界市場規模はリーマンショックの影響が出た2009年こそ前年割れでしたが、翌2010年には2008年を上回りました。また、東日本大震災が起こった2011年のLVMHモエ ヘネシー・ルイ ヴィトン［LVMH Moët Hennessy. Louis Vuitton］の日本における売上高は前年比10％増、グッチ［Gucci］などを傘下に持つPPR（現ケリング［Kering］）は5・6％増でした。特に、東日本大

図表 2-15　禍や不況にも強いラグジュアリーブランド

✕

・リーマンショック（2008年）、東日本大震災（2011年）、コロナ禍（2020年〜）…大きな禍が起こる度に、消費が冷え込み、マスコミや識者は「不要不急のラグジュアリーはもう駄目だ」

〇

・売上を一時的には落としても地道に売れ続け、落ち込みは小さい。それどころか、撥ね退け、不死鳥の如く蘇り、業績を伸ばす

原出所：長沢伸也編著、杉本香七共著（2021）前掲書、pp.30-35、本文
出所：長沢伸也（2021b）前掲資料、p.9、図表2-17

震災で大きなダメージを受けた仙台では、高級ブランドのバッグや婦人靴の販売が好調だと報じられました。ルイ・ヴィトン関係者によると、東日本大震災の翌月、仙台藤崎店では過去最高の売上を記録したそうです。これらは「復興特需」といわれましたが、被災した人たちが鞄まで失って不自由なので鞄を買ったとか、復興事業のため仙台に集まった建設作業員たちがやはり仙台に集まったホステスさんたちにプレゼントするために「爆買い」したとか、まことしやかに週刊誌には書かれました。

　私が『インポートマーケット&ブランド年鑑』（矢野経済研究所）で調べたところ、リーマンショックや東日本大震災による売上の落

ち込みからいち早く回復したのは、エルメス、シャネル、ルイ・ヴィトンと「ラグジュアリー度」の順であったこと、売上が半減したブランドはその後も回復せず、二極化が進んだことを確認しました。今回のコロナショックも同様の傾向になりつつあると思います。

後述するパネルディスカッションでも、私がコロナ禍の影響を尋ねたところ、リシャールミルジャパン　川﨑圭太社長は「緊急事態宣言の1月は、売上個数自体は減ったけれども売上は昨年を超えた」と述べました。顧客単価が上がったということですから、その強さに皆驚きました。また、ＧＩＡ Ｔｏｋｙｏ 高田力代表も「ジュエリー業界は全部ではないけれども、比較的好調なところもある。ブライダルの需要と中国を中心に富裕層の購入が戻っている」と証言しています。

また、報告会や学会での基調講演の後では、コロナ禍下でもラグジュアリーが売れているという報道が続々とありました。

たとえば、「ダイヤモンドや高級車、億ションなど高額品の市場が活況を呈している。各国の株価は記録的な高値水準で、金融資産を持つ富裕層が消費に動いた。新型コロナウイルス禍で海外旅行などのサービス消費にお金を使いにくくなった面もある（日本経済新聞、２０２１年4月18日付朝刊2面「コロナ下　売れる高額品」）」とありました。しかも、

「高級ジュエリー『カルティエ』などを運営するリシュモンは20年10～12月期の売上高が前年同期比で5％増となった。中国は80％増だ。富裕層がネット経由でブランド品を購入しているという」（日本経済新聞、同上）。その理由としては、「ワクチン接種が進み、消費が急回復している米国でも高額消費が増えている。クレジットカード大手の米マスターカードの調査によると、3月の米国の宝飾品売上高は前年比2倍と大きく伸びた。コロナ感染が米で拡大した20年3月に大きく落ち込んだ反動が大きいが、19年比でも3割近い伸びとなった（日本経済新聞、同上）」とのことです。

あるいは「宝飾品の代表格、ダイヤモンドの市場に異変が起きている。昨年は新型コロナウイルス禍で消費が大幅に縮小したが、ワクチン普及や大規模な財政政策に伴う世界経済の回復を受けて足元では急速に盛り返した（日本経済新聞、2021年4月21日付朝刊20面「ダイヤ供給　鑑定に壁」）」とありました。「背景には世界で急増する高額品消費がある。経済の回復期待で世界的に株価が上昇。さらにコロナ下で飲食や旅行などのサービスにお金が使いにくいとあって、富裕層の資金が宝飾品などに向かっている。主要市場である中国や米国では、2～3月の宝飾品売上高が軒並み前年比2倍程度に膨らんだ（日本経済新聞、同上）」とのことです。

これらについて、理論的にどうなっているのか見ていきましょう。

「現状維持バイアス」と「理由に基づく選択」でラグジュアリーを購入する

先ほどのコロナ禍で不安がいっぱいという消費者心理を考えてみます。

コロナ禍ではビジネスモデルの綻びなどの変化が早まっただけという見方もあるように、コロナ禍以前にみられた傾向がさらに強まって顕著になったように思われます。

コロナ禍以前から、日本人の消費というのは高価格なものと低価格なものとに二極化しつつあるといわれておりました。また、消費が低迷していても高価なラグジュアリーブランド品が売れるし、そのラグジュアリーブランドでも勝ち組と負け組が鮮明になっているといわれておりました（図表2-16(a)）。

人は不安な要素があるときに、本能的に不安を回避する心理が働きます。コロナ禍が起こらなくても、東日本大地震とか熊本地震とか、毎年起こる集中豪雨や洪水とかの自然災

図表２-16　ラグジュアリー戦略がなぜ重要か：不安を回避する心理

(a)　不安を回避する心理

・日本人の消費が高価格なものと低価格なものとに二極化しつつある。
・消費が低迷しても高価格なラグジュアリーブランド品が売れる。
・ラグジュアリーブランドでも「勝ち組」と「負け組」とが鮮明になりつつある。
・人は不安な要素があるとき、本能的に不安を回避する心理が強まる。不安が大きいときには、不安を回避し堅実な選択をする傾向が強まる。
・消費における堅実な選択には、２つの方向がある。
・１つは、お金を節約してできるだけ安いものを購入しようという方向→ユニクロや百円均一ショップでの購入に向かう。
・もう１つは、品質が良く長持ちする確実なものを購入しようという方向→ラグジュアリーブランド品の購入に向かう。

(b)　現状維持バイアス

・人は損得で動くといわれるが、損失と利得とが同程度なら損失の方を嫌がる＝行動経済学でいわれる「損失回避性」(サミュエルソンとゼックハウザー)
・たとえば、1,000円拾う喜びよりも1,000円落とすほうが２倍から2.5倍もダメージが大きい。
・損失回避性の心理は、行動としては「現状維持バイアス」に繋がる。現在の状況を変化・変更することは、現状より良くなる可能性と悪くなる可能性とがあるので、このとき損失回避性の心理が働けば、良くなる可能性よりも悪くなる可能性を避けたいということで、現状を維持したいという志向が強まる。
・具体的には企業の慣習に従う、現職を再任する、同じ職場に留まる、そして同じブランドの商品を買う等。現状維持バイアスという慣性は、このような傾向と結びついているといわれる（友野典男『行動経済学』光文社、2006年)。

・一方、世の中には多くの製品やサービスが溢れている。選択肢が多い中で消費者が最適な選択や決定をすることは、情報が多過ぎるゆえにかえって困難になり、むしろその選択をした納得のいく理由が必要であるとされる＝行動経済学でいわれる「理由に基づく選択」理論（トヴェルスキー［A. Tversky］）

(c) 理由に基づく選択

・「理由に基づく選択」理論によれば、十分な理由があって選択を合理化できれば、たとえ矛盾があったとしても構わないとされる。
・消費が低迷しても高価格なラグジュアリーブランド品が支持され続ける：購入という選択・決定をする際に、品質やブランドに対する安心感や満足度に加えて、ある種のストーリーや「これでなくては駄目なんだ」という納得性の高い理由があるから。
・景気が低迷してモノが売れないといわれるなかで、安価な食品でも定番商品や長寿商品が好調：消費者がブランドスイッチによる損失の不安を回避して現状維持バイアスが働き、購入を選択・決定をする際に「定番商品だから」とか「長寿商品だから」という納得性の高い理由を求める。
・高価格なラグジュアリーブランドでも、勝ち組ブランドと負け組ブランドとが鮮明になりつつある：定番商品や長寿商品といったアイコン商品やアイコン的要素、さらには物語が豊富なブランドかどうか、また、これらが消費者に伝わっているかどうかに拠る。
・やはり、ラグジュアリーブランドの戦略に学ぶことは多そう。

原出所：長沢伸也編（2017）前掲書、pp.48-50、本文
出所：長沢伸也（2021a）前掲資料、p.14-16

害。あと、年金が満額もらえないとか、満額もらっても足りないとか。そこへコロナ禍まで加わり、日本は不安がいっぱいな国です。そうすると、不安を回避して堅実な選択をする傾向が強まります。消費における堅実な選択というのは何かというと二つあって、一つ目はお金を節約してできるだけ安い物を購入しようとする方向があります。するとユニクロや百円均一ショップで購入するわけですね。もう一つは品質が良く長持ちする確実なものを購入しようとする方向があります。するとこれはラグジュアリーブランド品の購入に向かうことになります。

人は損得で動くといわれますが、損失と利得が同程度なら損失のほうを嫌います（図表2-16(b)）。これは行動経済学でいわれる損失回避性です（サミュエルソン［W. Samuelson］とゼックハウザー［R. Zeckhauser］）。平たくいうと、損をしたくない。たとえば、1000円拾う喜びよりも1000円落とすほうが2倍から2・5倍もダメージが大きいというのが人間心理であります。

損失回避性の心理は、行動としては「現状維持バイアス」というものにつながります。すなわち、現状を変えるということは、現状から良くなる可能性と悪くなる可能性がありますが、この損失回避性の心理が働きますと、良くなる可能性よりも悪くなる可能性を避けたいということで現状維持する志向が強まるのです。

具体的には、企業の慣習に従う、政治でも首長選挙で現職を再任する、あと転職せずに同じ職場に留まる。そして、ブランドスイッチして失敗したくないので同じブランドの商品を買うということです。現状維持バイアスという慣性はこのような方向と結びついていると行動経済学で説明されております（友野典男『行動経済学』光文社、２００６年）。

一方、行動経済学ではこういうこともいっております。世の中には多くの製品やサービスがあふれておりますので選択肢が多い。消費者が最適な選択を決定するには情報が多過ぎるゆえにかえって困難になる。むしろ、その選択をした納得のいく理由が必要であるとされております。これが行動経済学でいわれる「理由に基づく選択」理論です（トヴェルスキー［A. Tversky］）。

この理論によりますと、十分な理由があって選択を合理化できれば、たとえ矛盾があっても構わないとされております（図表2-16(c)）。消費が低迷しても高価格なラグジュアリーブランド品が支持され続ける、購入される、購入するという選択、意思決定をする際に品質やブランドに対する安心感、満足感、ある種のストーリーや、これでなくては駄目なんだという納得性の高い理由があるからということになります。そうすると、安い商品でも定番商品や長寿商品が好調で、売上が増えるといわれております。たとえば、伊藤園「お～いお茶」や江崎グリコ「ジャイアントコーン」などです。少し古いですが、2009年の調査で食品・日常品の各カテゴリーで「自分にとっての定番商品」の有無を訊いたところ、ペットボトル飲料では52％が「ある」と答え、このカテゴリーでは不況に強い〝定番商品〟が存在するのがうかがえます。1位は「お～いお茶」で、その理由は「飲み慣れている」「安心感」「お茶メーカー」でした（https://www.just-research.co.jp/pdf/20090601S.pdf）。

それはブランドスイッチによる損失の不安を回避して、現状維持バイアスが働いて、定番商品だからとか長寿商品だからという納得性の高い理由を求めると説明できます。

報告会の後では、コロナ禍では定番品が優位だという報道もありました。「スーパーに並ぶ商品の種類が減っている。日経ＰＯＳ（販売時点情報管理）のデータによると、2020年に食品・日用品の7割の品目で商品数が減少した。新型コロナウイルス感染を警戒して、事前に決めたものを短時間で買って帰る傾向が広がり、定番商品が強さを発揮。小売店やメーカーは品ぞろえを絞った（日本経済新聞、2021年2月14日付朝刊1面「買い物時短　定番品優位」）」とありました。具体的には、「スーパーの販売情報を集める日経

ＰＯＳの20年12月のデータで主要６７０品目（商品数１００種以上）を調べると、67％の品目で商品の種類が減っていた。（中略）商品数が減ったのは口紅（商品数は前年比18％減少）をはじめ外出自粛などの影響を受けたものが多いが、巣ごもり消費で需要が増えたはずの品目でも、商品数の減少が目立った」として、具体的な数字とともに冷凍パスタ（同15％減少）や乳酸菌飲料（同13％減少）、チューハイ（商品数は11％減少）などを挙げていました（日本経済新聞、同上）。

この記事では、定番品が優位なのはコロナ禍で買い物時間が短くなったからだと分析していますが、私は行動経済学でいう「現状維持バイアス」と「理由に基づく選択」がコロナ禍で強まったのも大きな理由だと考えています。

高価格なラグジュアリーブランドにもその勝ち組、負け組が鮮明になるのも、やはり物語が豊富なブランドか、また、これらが消費者に伝わっているかどうか、によります。特にアイコン商品、アイコン的要素ですね。このように消費者心理、あるいは行動経済学から考えても、ラグジュアリーブランドの戦略に学ぶことは多そうだというふうに考えております。

ブランドマネジメントはラグジュアリーブランドに学ぼう

ここからラグジュアリーブランドの戦略に学ぼうという話をさらに掘り下げてまいりまして、『高くても売れるブランドをつくる！』という本で述べた内容になります。

とにかく日本では、新商品がやたらいっぱい出ますし、商品のライフサイクルが短いのです。企業は「打ち手」をどうするか、ということになります（図表2-17）。まず、とにかく次々に新製品を出して対応すれば「利益なき繁忙」になります。しかし、売れないといっても売れ筋というのはあるわけで、それを素早くつかんで素早く対応しようという「打ち手」、これはサプライチェーンマネジメントです。あと確実にヒットさせようという「打ち手」、これは新商品開発マネジメントです。

一方、ライフサイクルを延ばすという「打ち手」もあります。一人の顧客にいっぱい買ってもらう、これを関係性マネジメントと申します。あるいは他社に真似されない技術で差別化しよう、研究開発マネジメントです。あと、他社に真似されないよう特許で阻止しようという、特許・知財マネジメント。デザイン等の感性品質について差別化しようという、

図表2−17　日本企業の新商品開発マネジメントの現状と打ち手

短いライフサイクルに対応
・とにかく次々に新製品を出し続ける　→　利益なき繁忙
・売れ筋に素早く対応　→　SCM（サプライチェーンマネジメント）*
・確実にヒットさせる　→　新商品開発マネジメント［狭義］*

ライフサイクルを延ばす工夫
・1人の顧客に沢山買ってもらう　→　CRM（関係性マネジメント）
・他社に真似されない技術で差別化　→　研究開発マネジメント
・他社に真似されないよう特許で阻止　→　特許・知財マネジメント
・デザインなどの感性品質で差別化　→　デザインマネジメント*
・ブランドイメージを高めて差別化　→　ブランドマネジメント*

*：編著者が担当している科目で扱っている内容
原出所：長沢伸也著（2015）前掲書、p.39、資料9「日本企業の新商品開発マネジメントの現状と打ち手」
出所：長沢伸也（2021a）前掲資料、p.17

デザインマネジメント。そして、ブランドイメージを高めて差別化しようという、ブランドマネジメントがあります。

最初の「利益なき繁忙」は論外としますと、こういう打ち手があります。これらは全部、早稲田大学ビジネススクールの授業科目にあります。しかもこのうち、＊印を付けた「サプライチェーンマネジメント」、「新商品開発マネジメント」、「デザインマネジメント」、「ブランドマネジメント」は私が担当している科目で扱っている内容です。

そのブランドマネジメント論、あるいはブランド論というのが盛んなのですが、たとえば大きな書店のビジネス書の

図表2-18　ブランド論・ブランドマネジメント論が盛んだが……

マーケティング学者が言うブランドはGAFA、アップル、コーク…
所謂ラグジュアリーブランドは除外・枕詞
街行く人が言うブランドはルイ・ヴィトン、シャネル、カルティエ…
所謂ラグジュアリーブランドに学べ

原出所：長沢伸也著（2015）前掲書、p.10、資料5を加除修正
出所：長沢伸也（2021a）前掲資料、p.18

コーナーにたくさんあるブランド論の本を見ますと、普通のマーケティング学者がいうブランドはいわゆるGAFAとかコカ・コーラ[Coca-Cola]、あるいはマクドナルド[McDonald's]あたりを指しています。いわゆるラグジュアリーブランドは除外したり、あるいは枕詞として使われます（図表2-18）。

枕詞というのはどういう意味かというと、多くの本では「読者はブランドというとすぐルイ・ヴィトンやカルティエを考えるかもしれないが、それだけがブランドじゃないぞ。コカ・コーラもマクドナルドもトヨタもアップルもブランドだぞ」というように枕詞として使って、以後二度と再びラグジュアリーに戻ってこないわけです。

しかし、ブランド論では、強いブランドをつくろう、そのためにはどうするか、といっているわけであります。たとえば、街行く人に「あなた、ブランド知っていますか？　ブランド好きですか？　ブランド持っていますか？」と畳み掛けて問えば、「ええ、知っています、好きです、持っています、ルイ・ヴィトン」と、こう答えるわけですから、街行く人がいうブランドというのはラグジュアリーブランドのことなのです。そうしたら、強いブランドをつくるには、街行く人がみんなブランドだといっているラグジュアリーブランドに学ぶのが正しいのではないか。こう私は思っているわけです。

3

基調講演（後編）

高くても価値ある商品、熱烈なファンのいるブランドをつくれ！

早稲田大学ラグジュアリーブランディング研究所所長、ＷＢＳ教授　長沢　伸也

強いブランドはラグジュアリーブランド

ブランドといえばラグジュアリーブランドだと皆が答えるから、強いブランドはラグジュアリーブランドだと断言するのは、直感的にはご支持いただけるとは思います。しかしながら、データを採ったわけではありませんので、ブランドのランキングやブランド価値から「強いブランド」について考えてみます。

コンサルティング会社のインターブランド［Interbrand］がグローバルブランドのブランド価値を算出して「ベスト・グローバルブランド［Best Global Brands］」というブランド・ランキングを毎年秋に発表しています。これが取り上げるグローバルブランドの基準は、「各種財務情報が公表されている」、「グローバルに展開している」、「ブランドが顧客の購買行動に影響を与えている」とのことです（図表3-1）。ラグジュアリーブランドでは商品が高額なので、主たる顧客はいわゆる富裕層になりますが、一国の富裕層はその国の数%しかいませんので、ある程度の売上を上げようとすると、どうしてもグローバルに展開する必要があります。そして、「財務分析」、「ブランドの役割分析」、「ブランド力

図表3－1　インターブランド［Interbrand］「ベスト・グローバルブランド［Best Global Brands］」の基準

1．各種財務情報が公表されていること
2．グローバルに展開していること（起源国以外での海外売上高比率が30％を超えていること、少なくとも3つの主要な大陸に進出しており、新興国もカバーしている）
3．ブランドが顧客の購買行動に影響を与えていること
・また、このブランド価値評価手法は以下に拠っている（「ベスト・グローバルブランド2011」）。
1．財務力：企業が生み出す利益の将来予測を行う「財務分析」
2．ブランドが購買意思決定に与える影響力：利益のうち、ブランドの貢献分を抽出する「ブランドの役割分析」
3．ブランドによる将来収益の確かさ：ブランドによる利益の将来の確実性を評価する「ブランド力分析」

出所：長沢伸也編著、杉本香七共著（2021）『カルティエ　最強のブランド創造経営―巨大ラグジュアリー複合企業「リシュモン」に学ぶ感性価値の高め方―』東洋経済新報社、pp.30-35、§2-1「ラグジュアリー業界の規模と成長、特徴」本文

分析」からブランド価値を評価するとのことですが、詳しい計算式などは企業秘密のようです。

この基準による2020年版のランキングを見ると、1位がアップル［Apple］、続いてアマゾン［Amazon］、マイクロソフト［Microsoft］、グーグル［Google］……と、お馴染みの顔ぶれが並んでいます（図表3－2(a)）。

日本ブランドでは、7位に入っているトヨタ［Toyota］に続いて、100位以内には20位のホンダ［Honda］、51位のソニー［Sony］、59位の日産［Nissan］、71位のキヤ

図表3－2　インターブランド［Interbrand］「ベスト・グローバルブランド2020年版［Best Global Brands 2020］」

(a)　1～10位

順位	ブランド名	ブランド価値（百万ドル）	前年比（順位）
1	アップル［Apple］	322,999	+38%（1）
2	アマゾン［Amazon］	200,667	+60%（3）
3	マイクロソフト［Microsoft］	166,001	+53%（4）
4	グーグル［Google］	165,444	−1%（2）
5	サムスン［Samsung］	62,289	+2%（6）
6	コカ・コーラ［Coca-Cola］	56,894	−10%（5）
7	トヨタ［Toyota］	51,595	−8%（7）
8	メルセデス［Mercedes］	49,268	−3%（8）
9	マクドナルド［McDonald's］	42,816	−6%（9）
10	ディズニー［Disney］	40,773	−8%（10）

(b)　ラグジュアリーブランドを抜粋

順位	ブランド名	ブランド価値（百万ドル）	前年比（順位）
17	ルイ・ヴィトン［Louis Vuitton］	31,720	−2%（17）
22	シャネル［Chanel］	21,203	−4%（22）
28	エルメス［Hermès］	17,961	+0%（28）
32	グッチ［Gucci］	15,675	−2%（33）
73	カルティエ［Cartier］	7,494	−9%（68）
83	ディオール［Dior］	5,985	−1%（82）
94	ティファニー［Tiffany & Co.］	4,966	−7%（94）
97	バーバリー［Burberry］	5,205	−8%（96）
99	プラダ［Prada］	4,495	−6%（100）

出所：Interbrand "Best Global Brands 2020"（(b)は筆者抜粋）

ノン［Canon］、76位の任天堂［Nintendo］、85位のパナソニック［Panasonic］と、７ブランドがランクインしています。

一方、１００位以内にランクインしているブランドの中からラグジュアリー［luxury］に分類されているブランドを抜き出しますと、17位のルイ・ヴィトン［Louis Vuitton］を筆頭として、22位のシャネル［Chanel］、28位のエルメス［Hermès］、32位のグッチ［Gucci］、73位のカルティエ［Cartier］、83位のディオール［Dior］、94位のティファニー［Tiffany & Co.］、97位のバーバリー［Burberry］、99位のプラダ［Prada］と続いていて、何と9ブランドもランクインしています（図表3-2ⓑ）。

つまり、日本ブランドの7ブランドよりも多くランクインしていることになります。筆者は日本ブランドを研究している研究者仲間から時々「ラグジュアリーブランドなんてマイナーだ」と言われることがありますが、日本ブランドと同じくらい（または、もうちょっと）重要だと思っています。

なお、55位のポルシェ［Porsche］、79位のフェラーリ［Ferrari］、91位のヘネシー［Hennessy］もラグジュアリーとして数えて12ブランドも、と言いたいところではありますが、ポルシェとフェラーリは自動車［automotive］に、ヘネシーはお酒［alcohol］にそれぞれ分類されています。

ブランドランキングは、インターブランドの他にもう一つ、カンター・ミルウォード・ブラウン［Kantar MillwardBrown］による「BrandZ®：最も価値あるグローバルブランドトップ100［Top 100 Most Valuable Global Brands］」もあります。こちらの2020年版のランキングを見ると、1位がアマゾン、続いてアップル、マイクロソフト、グーグル……と、やはりお馴染みの顔ぶれが並んでいます（図表3-3ⓐ）。

ただし、このカンター・ミルウォード・ブラウンによるものは、インターブランドとはブランド価値の算定方法が違うので、ランキングもブランド価値も多少異なっています。インターブランドのランキングに比べて、金融系や中国系が高めに、メーカーが低めに評価される傾向ないしは特徴があるように思われます。

日本ブランドで100位以内に入っているのは、こちらでは48位のトヨタ［Toyota］と63位のNTTグループの2ブランドだけです。NTTグループは、インターブランドのランキングでは100位以内には入っていませんでした。

こちらはわざわざ抜き出す作業をしなくても、ありがたいことにラグジュアリーブランドのトップ10　2020年版［Top10 Luxury 2020］が用意されています。100位以内

図表3－3　カンター・ミルウォード・ブラウン［Kantar Millward Brown］「BrandZ®：最も価値あるグローバルブランドトップ100　2020年版［Top 100 Most Valuable Global Brands 2020］」

(a)　1～10位

順位	ブランド名	ブランド価値（百万ドル）	前年比（順位）
1	アマゾン［Amazon］	415,855	+32%（1）
2	アップル［Apple］	352,206	+14%（2）
3	マイクロソフト［Microsoft］	326,544	+30%（4）
4	グーグル［Google］	323,601	+5%（3）
5	ビザ［VISA］	186,809	+5%（5）
6	アリババ（阿里巴巴）［Alibaba］	152,525	+16%（7）
7	テンセント（騰訊）［Tencent］	150,978	+15%（8）
8	フェイスブック［Facebook］	147,190	−7%（6）
9	マクドナルド［McDonald's］	129,321	−1%（9）
10	マスターカード［Mastercard］	108,129	+18%（12）

(b)　ラグジュアリーブランドのトップ10　2020年版［Top10 Luxury 2020］

順位	ブランド名	ブランド価値（百万ドル）	前年比（順位）
19	ルイ・ヴィトン［Louis Vuitton］	51,777	+10%（22）
34	シャネル［Chanel］	36,120	−2%（31）
39	エルメス［Hermès］	33,008	+7%（37）
49	グッチ［Gucci］	27,238	+8%（52）
―	ロレックス［Rolex］	7,433	−11%（―）
―	カルティエ［Cartier］	5,214	−13%（―）
―	ディオール［Dior］	5,117	+10%（―）
―	イヴ・サンローラン［Yves Saint Laurent］	3,972	+11%（―）
―	バーバリー［Burberry］	3,847	−18%（―）
―	プラダ［Prada］	3,059	−6%（100）

出所：Kantar MillwardBrown "BrandZ®" Top 100 Most Valuable Global Brands 2020 および同 Top 10 Luxury 2020

にランクインしているラグジュアリーブランドは、19位のルイ・ヴィトンを筆頭として、34位のシャネル、39位のエルメス、49位のグッチと続いています。インターブランドのランキングと全体の順位は多少異なりますが、ラグジュアリーの中での1～4位まで、順位は両社で一致しています。そして、全体の順位は100位以下のため不明ですが、ロレックス［Rolex］、カルティエ、ディオール、イヴ・サンローラン［Yves Saint Laurent］、バーバリー、プラダと続きます（図表3-3(b)）。

ラグジュアリーブランドのトップ10で見ると、インターブランドのほうでは入っていたティファニーが抜けて、カンター・ミルウォード・ブラウンのほうでは替わりにロレックスとイヴ・サンローランが入っています。

カンター・ミルウォード・ブラウンのほうでも、100位以内にランクインしているのは日本ブランドの2ブランドに対してラグジュアリーブランドは4ブランドですから、日本ブランドより存在感があるといってよいと思います。

さて、これらのブランドランキングでは、ブランド価値を算出して、それに基づいて順位づけをしております。そこで「強いブランド」について、産出されたブランド価値で考えてみたいと思います。

ランキングでトップのアップル、アマゾン、マイクロソフト、グーグルは、メーカーというよりはプラットフォームビジネスで違い過ぎるので、両方のブランドランキングで日本ブランドとして最上位になっているトヨタと、やはりラグジュアリーブランドとして最上位になっているルイ・ヴィトンを比較したいと思います。

インターブランド「ベスト・グローバルブランド２０２０年版」では、さすがにルイ・ヴィトンよりもトヨタのほうが上位に位置しています。７位のトヨタのブランド価値が５１５・95億ドルに対して、17位のルイ・ヴィトンは３１７・20億ドルですから、約１・６倍です。２０２０年版のブランド価値は前年の２０１９年度の売上高が算出に用いられているはずなので、トヨタの売上高は29・９兆円でした。一方、ルイ・ヴィトンの売上高は非公表なので、私が独自に計算しました。ＬＶＭＨのファッション・レザーグッズ部門の売上高（２０２０年12月通期決算で２２０億３７００万ユーロ＝約２兆６７００億円）に占めるルイ・ヴィトン単一ブランドの売上高は３分の２程度ではないかと思われますのでこれから計算しても、また、ルイ・ヴィトンの日本の売上高をブルームバーグが推算していて（１４３億ユーロ＝約１兆８０００億円。https://www.bloomberg.co.jp/news/articles/2021-01-27/QNKREBT1UM0Z01）、これがルイ・ヴィトンの世界全体の売上高の10％程度

図表3－4　強いブランドはどちら？：トヨタ対ルイ・ヴィトン

(a)　インターブランド［Interbrand］「ベスト・グローバルブランド2020年版［Best Global Brands 2020］」

順位	ブランド名	ブランド価値(百万ドル)	売上高(兆円)	
7	トヨタ［Toyota］	51,595	29.9	
		}1.6倍	}16.6倍	
17	ルイ・ヴィトン［Louis Vuitton］	31,720	1.8	単位売上当り10倍

(b)　カンター・ミルウォード・ブラウン［Kantar MillwardBrown］「BrandZ®：最も価値あるグローバルブランド　トップ100　2020年版［Top 100 Most Valuable Global Brands 2020］

順位	ブランド名	ブランド価値(百万ドル)	売上高(兆円)	
19	ルイ・ヴィトン［Louis Vuitton］	51,777	29.9	単位売上当り30倍
		}1.8倍	}16.6倍	
48	トヨタ［Toyota］	28,400	1.78	

原出所：Interbrand "Best Global Brands 2020" およびKantar MillwardBrown "BrandZ®" Top 100 Most Valuable Global Brands 2020より筆者作成

出所：長沢伸也著（2015）『高くても売れるブランドをつくる！―日本発、ラグジュアリーブランドへの挑戦―』同友館、p.32、資料7を加除修正

だとして計算しても、ともに1・8兆円程度というところで落ち着きます。したがって、大きくは違っていないと思います。（図表3-4(a)）。

そうすると、トヨタの売上高は大きく、それに対してルイ・ヴィトンは小さいので、両社の売上高を比べると、ブランド価値で見た約1・6倍と1・6分の1ではなくて、約16・6倍と16・6分の1になります。ということは、売上高1億円当たりというような単位売上高当たりのブランド価値を計算すると、

約10倍と10分の1ということになります。つまり、単位売上高当たりのブランド価値では、ルイ・ヴィトンはレクサス［Lexus］を含むトヨタの10倍も価値があるのです。

一方のカンター・ミルウォード・ブラウンのBrandZ®では、売上高がはるかに小さいルイ・ヴィトンのほうがトヨタよりも上位に位置しています。19位のルイ・ヴィトンのブランド価値が517・77億ドルに対して、48位のトヨタは284・00億ドルですから、約1・8倍と1・8分の1です。両社の売上高は上述のように約16・6倍と16・6分の1ですから、単位売上高当たりのブランド価値を計算すると、約30倍と30分の1ということになります。つまり、単位売上高当たりのブランド価値では、ルイ・ヴィトンはトヨタの30倍も価値があるのです。

以上から、強いブランドはどちらか、といえば、私は断然、ラグジュアリーブランドのルイ・ヴィトンだと考えます。

強いブランドは感性価値が決め手

それでは、強いブランドはなぜ強いのでしょうか。それは、機能よりは感性品質、使用価値よりは感性価値が大きいからです。

私は機能に対して感性品質の重要性を1990年代から、また、使用価値に対して感性価値の重要性を2000年代初めから繰り返し主張しております（たとえば、長沢伸也著（1998）『おはなしマーケティング』日本規格協会、長沢伸也編著（2002）『感性をめぐる商品開発』日本出版サービスなど）。大阪大学の延岡健太郎先生が『価値づくり経営の論理』（2011）で「意味的価値」という言葉をほとんど同じ内容で10年ほど前からお使いですが、私のほうがもっと年季が入っております。

どういうことか例として、ご婦人方がハンドバッグや鞄《かばん》を購入するときのことを考えてみましょう。

バーゲンやワゴンセールでノーブランドや無名ブランドの鞄が1万円で特売になっていたとしても、見向きもしません。ところが、ルイ・ヴィトンの鞄となると、値引きがなくても、しかも20万円でも30万円でも欲しい‼となります（図表3-5ⓐ）。「物を入れて運ぶ」という鞄における機能は同じであっても、です。

パートナーに私が「また鞄？　お前、鞄は既にいっぱい持っているから、要らないのではないか。買うにしても、物を入れて運べるのは同じなのだから、1万円のお買い得な鞄でよいのではないか」と言おうものなら、「みっともない鞄は持ちたくないし、今シーズンのトレンドに合った大きさや色・柄の鞄は持っていない」と猛反撃にあいます。

もっとも、私が「今度はこの時計が欲しい」と言うと、パートナーは「また時計？　あなた、時計は既にいっぱい持っているじゃない。腕に一度に着けられるのは1本だけなのだから、そんなに要らない」と言われます。そこで、「今度出す本では、このブランドのこの時計を取り上げるし、スイスの山奥の工房まで行って担当の時計師にも会っている。この時計を手にするのは僕の運命だ」とか何とか言い訳や弁解をしながら結局は買いますので、お互いさまです。

私は、ラグジュアリーの定義として、「無くても何とかなるし、1つあれば十分なのに幾つも欲しくなるもの。パートナーが購入に反対しても聞き入れずに欲しくなるもの」、要するに「趣味のもので、それを趣味とする人にとっては非常に価値があり、趣味としな

図表３－５　ラグジュアリーブランディング研究の背景

(a)　ご婦人方がハンドバッグを購入するか、、、

ハンドバッグや鞄でみると、、、

×

・バーゲンやワゴンセールでノーブランド・無名ブランド、、、１万円でも買わない！

○

・値引きがなくてもルイ・ヴィトン！　20万円でも30万円でも欲しい‼

(b)　機能的価値とブランド価値の関係は？

×

鞄における機能：「物を入れて運ぶ」。
スーパーのレジ袋数円や500円か1,000円のトートバッグでも実現可能。

○

ルイ・ヴィトンの鞄：	20万円－1,000円＝19万9000円	は機能以外の価値
シャネルの鞄：	50万円－1,000円＝49万9000円	は機能以外の価値
エルメスの鞄：	100万円－1,000円＝99万9000円	は機能以外の価値

出所：長沢伸也編著、杉本香七共著（2021）前掲書、pp.16-19、§1-1「高くても売れる商品・熱烈なファンのいるブランドを目指せ」本文

い人にとっては全く価値のないもの」という定義もよいのではないか、とさえ思います（笑）。

さて、鞄における機能が「物を入れて運ぶ」であれば、有料化で数円かかるようにはなりましたがスーパーのレジ袋や、500円か1000円のトートバッグでも実現可能です。そうすると、20万円するルイ・ヴィトンの鞄では、「物を入れて運ぶ」という機能が高めに見積もっても1000円分のトートバッグで実現できるわけですから、差額の19万9000円は機能以外の価値、すなわち感性価値ということになります。同様に、50万円するシャネルの鞄では1000円を引いた差額の49万9000円が、また、100万円のエルメスの鞄（今やエルメスのケリー［Kelly］やバーキン［Birkin］といった鞄はもはや100万円では購入できないと思いますが）では、1000円を引いた差額の99万9000円が機能以外の価値、すなわち感性価値ということになります。

これは、やはり時計でも同じです。百円均一ショップでも時計は売っていますし、スマホの表示で時刻がわかるので腕時計をせず、そもそも買わない人も増えています。セイコー［Seiko］のデザイン部長が、「最近の若い人は、『セイコー』と言っても何のメーカー、ブランドかわからない人が多い」と嘆いていて驚きました（長沢伸也編『感性産業のブランディング』海文堂出版、2020年)。こうなると、時計の価格全部、それどころか存在価値自体が感性価値といっても言い過ぎではないかもしれません。

感性価値と物神的価値

感性とは何かは哲学的で難しいのですが、簡略化して感覚と感情とします(長沢伸也編著(2002)、前掲書など)。そして、商品の機能的価値以外に消費者が主観的に感じる価値のうち、香りなど単なる感覚に訴える感性価値ではなく、高級感やステータスなど感情に訴えかける感性価値について以下に見ていきます。

カール・マルクス[Karl Marx](1818—1883)の『資本論第1巻[Das Kapital I]』(1867)(向坂逸郎(訳):岩波文庫、第1巻第1篇第1章、1969年など)の第1章「商品」は、イデオロギーとは無関係であり、そこで述べられている「物神的価値[fetish value]」は、ラグジュアリーブランドなどの高級感やステータスなど感情に訴えかける感性価値とほぼ同一であることがわかり感銘を受けました(図表3-6)。

図表3－6　カール・マルクス『資本論』（1867）「物神的価値［fetish value］」

・カール・マルクス［Karl Marx, 1818-1883］『資本論』（1867）で述べられている「物神的価値［fetish value］」は、ラグジュアリーブランドなどの高級感やステータスなど感情に訴えかける感性価値とほぼ同一である。
・マルクスは商品の神秘的な性格はその使用価値にあるわけではなく交換価値から生じるとしており、物神的価値は商品本来の価値と市場価格との乖離という資本主義特有の価値を指す。
・また、経済学における探索財、経験財、信用財という財の分類では、経験財で経験する経験は正に経験価値である。また、信用財の典型はラグジュアリーであり、物神的価値が超過利潤（通常には起きないような出来事などを原因として、そこから想定よりも多く発生する利潤）や独占レント（独占力を使って売買相手から奪いとった富）が生ずると考えられる。

出所：長沢伸也編著（2019）『戦略的感性商品開発の基礎―経験価値／デザイン／実現化手法／ブランド・経営―』海文堂出版、pp.3-20

マルクスはイデオロギーの塊だというような先入観があって敬遠していたのですが、2018年がマルクス生誕200年だったこと、たまたまこの年に彼が生まれたトリーア［Trier］）を訪ねたこと、さらに彼が入学したボン大学（1年後にベルリン大学に転校）にある早稲田大学ボン・オフィスに2020年秋から2021年夏まで駐在することもあって、「食わず嫌い」だった『資本論』を手にした次第です。

ただし、物神的価値は感性価値とほぼ同一とはいうものの、感性価値と物神的価値とでは、その捉え方が異なります。感性価値は消費者が主観的に感じる心理的価値を指しますが、物神的価値は商品本来の価値と市場価格との乖離《かいり》という資本主義特有の価値を指します。マルクスによれば、商品の神秘的な性格はその使用価値にあるわけではなく、交換価値から生じるとしています。

つまり、人間同士の関係（社会的分業）によって、その商品に労働の社会的性格を反映させ、また、交換される際の比率はそれぞれの生産物を生産する労働の生産性（1時間当たりに何個作れるか）の比率という人間同士の関係によって決まります。こうなると人間同士の関係（社会的分業）によって商品に与えられているさまざまな性質も、商品自身がいわば自動的に、自然属性のようにもともと備えているものとして扱われることになります。それが商品の物神性です。物神性とは、神のような神秘性のこと、資本主義生産特有の商品の有する性格であり、資本主義生産以外では、物品は物神性などを帯びないのです。物神性を帯びるのは社会的分業にあります。それと商品を交換することによって、神秘性を帯びてくるとしているようです。

したがって、商品の神秘的な性格はその使用価値にあるわけではなく交換価値から生じ、物神的価値は商品本来の価値と市場価格との乖離という資本主義特有の価値を指します。

マルクスは『資本論』で木製の机を例に説明しています。しかし、商品本来の価値と市場価格との乖離という意味ではラグジュアリー製品が最も乖離が大きいと思いますし、「商品の神秘的な性格」という意味では伝説や物語に彩られたラグジュアリーがぴったりだと私は思った次第です。

また、経済学における探索財、経験財、信用財という財の分類がありますが、ラグジュアリーに代表される物神的価値が占める割合が大きい信用財では、物神的価値により超過利潤（通常には起きないような出来事などを原因として、そこから想定よりも多く発生する利潤）や独占レント（独占力を使って売買相手から奪いとった富）が生ずると考えられます。なお、信用財とは、たとえば同時には複数を購入・経験できない医療や教育のように、購入しても品質についての情報が手に入らず、製品やサービスを利用した後であってもその製品やサービスの品質が良いものであるか判断できない。ある意味、供給側を信用するしかないような財のことです。

要するに、ブランドの極致といえるラグジュアリーブランドに備わる「物神的価値／感性価値」がもたらす信頼と安心が大きな利潤につながることは、イデオロギーを抜きにしたマルクス経済学的にも説明がつきます。

ちなみに、ラグジュアリーへの経済学的アプローチでは、ラグジュアリーを他の産業部門と区別する3つのセグメント、すなわち下級財［inferior goods］（所得水準が増加しても消費量が減少する財）、必需品［goods of necessity］（消費の増加率が所得の増加率よりも小さい財）、ラグジュアリー財［luxury goods］（消費の増加率が所得の増加率より大きい財。奢侈財）という市場の細分化に従ってラグジュアリーを定義します。この範疇《はんちゅう》化は、実用的で適用が容易であるものの、その意味や解釈については全く説明されないので、「わかったようでわからない」という気がします。

また、経済学の価格弾力性と需要の原則では、「価格が下がれば需要は増える」としています。しかし、ラグジュアリー、特に宝飾品などでは、「価格が下がっても需要は増えず、逆に価格が高いほうが需要は増える」場合もあります。したがって、「物神的価値」も含めて、経済学的にはラグジュアリーは「訳がわからない」と言っているようにも思います。

筆者は、経済学者に感性価値を説明する際、『資本論』の「物神的価値」を持ち出すと理解してもらいやすいことに気づきました。マルクス経済学自体は退潮傾向にあるものの、その支持者はもちろん、批判的な学者や経済学を基礎とした経営学者もマルクス経済学はしっかり学んでいるので理解が早いうえに、喜んだり興味を持ってもらえたりすることが多いのです。ちなみに、上記の説明は『資本論』の日本語訳を読んだだけでは私はさっぱりわからず、『資本論』をドイツ語の原書で読んだという、立命館大学で元同僚だった先生に解説していただいて、ようやくわかったような気になりました。もっとも、本当にわかったのかはあやしいので、上の説明がこなれていないのは如何ともしがたく、ご容赦ください。

また、特に欧州において英語で感性価値を説明する際も、〝fetish value〟で説明すると理解してもらいやすい場合が多いことがわかりました。もちろん、〝affective value〟でも〝affective computing〟等の分野の人なら問題はないのですが、〝affective〟の名詞形の〝affection〟が「感性」に該当するかというと違っていて単なる「愛情」になるので、「感性」の英語での説明が別途必要になってしまって難儀することが多いのです。

これに対して、〝fetish〟は名詞であり、「呪力を持つとして崇拝される物。病的執着、執念」を指すので、「悪い意味ではない」と添えるだけで理解してもらいやすい場合が多いことがわかりました。ただし、心理学用語で「足フェチ」「下着フェチ」などのフェティシズム（拝仏愛。異性の体の一部や衣類などを性愛の対象とする心理）と同一の単語ですので、これとは違い、「これでなくては駄目なんだ」という「こだわり」や「高くても売れる製品」「高くても熱烈なファンのいるブランド」のことで良い意味だと補足する必要はあります。

ラグジュアリーとは最上級、最高無比

ラグジュアリーを事実上の主題とした私の講演を聴き終わった後で、「結局、ラグジュアリーが何だかわからなかった」と言われては悲しくなりますので、皆様にラグジュアリーをしっかり理解いただけたら幸いです。

世の中では、価格が高い製品・ブランドのことを「ラグジュアリー」と呼んだり、「プレミアム」と呼んだりして混同されています。これを突き詰めると、ラグジュアリーとプレミアムは同じか？ということになりかねません。

しかしながら、ラグジュアリーとプレミアムは違います（図表3-7）。

プレミアムは比較級［comparative］、つまり比較優位です。これに対して、ラグジュアリーは最上級［superlative］、つまり最高無比です。

図表3－7　ラグジュアリーとプレミアムは違う

価格が高い製品・ブランドはラグジュアリー？プレミアム？
ラグジュアリーとプレミアムは同じ？

プレミアムは比較級（比較優位）、ラグジュアリーは最上級（最高無比）
以前のレクサスはプレミアム、ポルシェやフェラーリはラグジュアリー
ラグジュアリーは「類い稀」「プライスレス」「これでなくては駄目」
「高くても売れる」「高くても熱烈なファンがいる」

原出所：J. N. カプフェレ、B. バスティアン共著、長沢伸也訳（2011）『ラグジュアリー戦略』東洋経済新報社、pp.68-108、第2章「混同の終焉：プレミアムはラグジュアリーではない」
出所：長沢伸也著（2015）前掲書、p.50、資料12を加除修正

英語の比較表現で、形容詞が原級・比較級・最上級と変化します。「高い」という形容詞の原級highに対して、比較級はhigher、最上級はhighestと変化します。その比較級と最上級です。

10年ほど前まで、レクサスは「メルセデス［Mercedes］よりも100万円安くて品質の良い車」として売っていました。これでは、メルセデスがあって、その比較のうえで初めて存在する車ですから、比較級でプレミアムです。

これに対して、ポルシェ［Porsche］やフェラーリ［Ferrari］はラグジュアリーです。なぜかというと、たとえば「ポルシェはフェラーリより最高時速が5キロ早いと

か、あるいは遅い」と言ってポルシェやフェラーリを購入する人はいません。「天才フェルディナント・ポルシェ［Ferdinand Porsche］博士が心血注いで開発したエンジンを搭載したポルシェ911が欲しい」とか、「創業者エンツォ・フェラーリ［Enzo Ferrari］がたぎる情熱で真紅に塗った流線型のデザインと「跳ね馬［Cavalino Lampante］」の紋章［emblem］のフェラーリが欲しい」と言って購入するので、他の車は無視です。関係ないのです。

このラグジュアリーは、日本語にしにくいので、片仮名を用いています。漢字だけの国の中国語では「奢侈」発音はシェーシー［Shēshi］というらしいのですが、日本では江戸時代の「天保の改革」などで発令された「奢侈禁止令」が思い出されてしまいます。また、「贅沢」も昭和15（1940）年に実施された「贅沢禁止令（奢侈品等製造販売制限規則）」以降に使われた官製の標語「贅沢は敵だ！」がいまだに思い出されて、いずれもイメージがよくありません。さらに、「豪奢（品）」も、コロナ禍での営業自粛対象にしようと東京都知事が目の敵にして、百貨店側が「何が豪奢かは人による」と言って「高級衣料品（豪奢品）」にあたるショップの休業を避けようとしても押し切られたりしているので、やはり今ひとつです。

ラグジュアリー［luxury］は英語ですが、フランス語ではリュクス［luxe］といいます。これに定冠詞のドゥ［de］がくっついて英語になったのがデラックス［deluxe］です。したがって、ラグジュアリーをデラックスと表現するのは語源的には合っております。事実、1980年代の繊研新聞では、ラグジュアリー産業のことを「デラックス産業」と表現していました。しかしながら、今日では「デラックス産業」というと、何やら新宿歌舞伎町あたりのピンク産業を思い浮かべる人が多いのです（笑）。また、テレビでは「何とかデラックス」という芸名で巨漢の芸能人が活躍していますが、恰幅の良い体躯以外に何がデラックスなのかよくわかりません（笑）。したがって、「デラックス」と言い換えるのも抵抗があります。

仕方ないので、ラグジュアリー luxury は片仮名表記しています。ただし、発音としては「ラグジャリー」ですが、出版業界の慣例で拗音「ュ」が入った「ラグジュアリー」と表記します。その形容詞 luxurious の「ラグジュアリアス」という発音と混同したのが定着したのかもしれません。

先ほどラグジュアリーの意味は「最上級、最高無比」だとしましたが、「類《たぐ》い稀《まれ》」も日本語として良い表現ではないかと私は考えています。類い、つまり似たようなものが稀だということですから、最高無比を表します。あるいは「プライスレス」。これは英語由来なので日本語にしたとは言いがたいですし、「高価な」とか「貴重な」という意味で使われます。しかしながら、「値踏みができない」というのが元々の意味です。似たようなものがあれば値段の想像がつきますが、似たようなものがなければ「値踏みができない」ので「言い値」になる、つまり「高価」になるわけです。

私はビジネススクールで社会人相手に教鞭を執っておりますので、アカデミックな経営学用語をバカデミックに嚙み砕いております。たとえば「アウトソーシング」改め「丸投げ」、「ベンチマーキング」改め「良い所取りの猿真似」と言い換えるように心掛けております。この主義からすると、ラグジュアリーの意味するところは、「絶対的非代替性」改め「これでなくては駄目なんだ」とか、「高くても売れる」「高くても熱烈なファンがいる」くらいでもよいのではないかと思います。

そうであれば、世間一般にラグジュアリー品と考えられている時計や宝飾、高級衣料品という客体、つまりモノ（物）に限定される概念ではないことがわかります。

このラグジュアリーの客体と主体の問題は、後ほど改めて述べます。

なお、私は普段、ラグジュアリーブランドとラグジュアリー戦略とラグジュアリーブラ

図表3-8　ラグジュアリーブランド、ラグジュアリー戦略、ラグジュアリーブランディングは違う

ラグジュアリーブランド
＝ラグジュアリー戦略？
＝ラグジュアリーブランディング？

「ラグジュアリーブランド」…高くても売れる製品、熱烈なファンのいるブランド
「ラグジュアリーブランディング」…高くても売れる製品、熱烈なファンのいるブランド構築の実践
「ラグジュアリー戦略」…高くても売れる製品、熱烈なファンのいるブランドを生み出すための理論・方法論

出所：長沢伸也著（2015）前掲書、p.57、資料13

ンディングをひっくるめて「ラグジュアリー」と言っておりますし、皆さんもこれらは同じようなことだと思っているかもしれません。しかし、これらは厳密には違います（図表3-8）。

「ラグジュアリーブランド」とは、高くても売れる製品、熱烈なファンのいるブランドのことです。また、「ラグジュアリーブランディング」は、高くても売れる製品、熱烈なファンのいるブランドを構築する実践のことです。そして、「ラグジュアリー戦略」とは、高くても売れる製品、熱烈なファンのいるブランドを生み出すための理論・方法論です。したがって、「ラ

グジュアリー戦略に基づいたラグジュアリーブランディングでラグジュアリーブランドを構築する」というような使い方、使い分けになります。

ここで、ラグジュアリーブランドがラグジュアリー戦略に基づくのは当たり前だと思うかもしれませんが、必ずしもそうとは限りません。ラグジュアリー戦略ではなくファッション戦略に基づくラグジュアリーブランドも中にはありますし、ファッションブランドの中にもファッション戦略ではなくラグジュアリー戦略を採るブランドもあります。そうすると、ファッションブランドみたいなラグジュアリーブランドも、ラグジュアリーブランドみたいなファッションブランドも存在します。しかも、両者は同じような価格帯で同一の顧客を標的にしてアプローチすることになります。顧客から見れば両者とも同じようなラグジュアリー・ファッションブランドだということになりますので、この意味で両者は収斂《しゅうれん》することになります（E・コルベリーニ、S・サヴィオロ共著、長沢伸也・森本美紀共監訳・訳（2013）『ファッション&ラグジュアリー企業のマネジメント』東洋経済新報社）。

皆様の頭を混乱させてしまったら申し訳ありませんので、とにかく「ラグジュアリーブランドとラグジュアリー戦略は違うし、ラグジュアリーブランドだからといってラグジュアリー戦略を採るとは限らない」ということだけ、頭に留めてください。

自分のためのラグジュアリーと他人のためのラグジュアリー

ここから、ラグジュアリーの客体と主体の問題を述べます。

ラグジュアリーの主体とは、ラグジュアリーを認識し、行為し、評価する我のことです。平たくいえば、誰がなぜラグジュアリーを身に着けたりするのか、です。ラグジュアリーの客体とは、主体の作用の及ぶ存在です。平たくいえば、何がラグジュアリーなのかについてです。

これからお見せする画像は、「酋長」でググって出てきたものです。これは、カメルーンのバンジュン［Bandjun］族の酋長のようです（出所：Fon of Bandjun. Cameroun http://photos1.blogger.com/blogger/7016/3128/400/kings_5.jpg、掲載省略）。権利関係が不明なので本には転載できませんが、ご興味があれば見てください。

この画像に人間が4人映っています。この4人の中で、誰が酋長でしょうか？

図表3－9　主体にとってのラグジュアリーとは？

・誰が酋長か？…表情、体つき、服、着席、…
・服を着ていない南の島の原住民だと…爬虫類の首輪で誰が酋長かわかる
・肉体も服も無いミイラは誰か？…副葬品で高貴な人とわかる
・自身を際立たせる（distinguish oneself）ものがラグジュアリー
・モノに囚われるのではない。モノに囚われる心に囚われるのだ（親鸞聖人『歎異抄』？）
➢モノの問題（QCD、機能・便益）だけではない
➢自分のためのラグジュアリー（心理的要因）
➢他人のためのラグジュアリー（社会的要因）
➢中間（仲間うち）のためのラグジュアリー

出所：長沢伸也著（2015）前掲書、p.45、資料11

このようと尋ねますと、皆、真ん中の人が酋長だと答えます。理由を尋ねると、一人だけ表情に威厳がある、体つきが他の人より恰幅が良い、一人だけ服を着ているし服の色が赤い、一人だけ椅子に座っている、…などが挙がってきます（図表3－9）。これがラグジュアリーなのです。

服が決め手だと答える人が多いので、それでは服を着ていない南の島の原住民だと酋長が誰だかわからなくなるのでしょうか。皆さんが南の島に着きました。原住民が歓迎の奇声を上げながら十人ほどやって来た。皆が裸で、誰も服を着ていない。酋長が誰だかわからないでしょうか。いいえ、きっとわかると思います。一人だけトカゲか何かの爬虫類の首輪をしていれば、

図表3-10　肉体も服もないミイラは誰か？：トリノ・エジプト博物館のミイラ

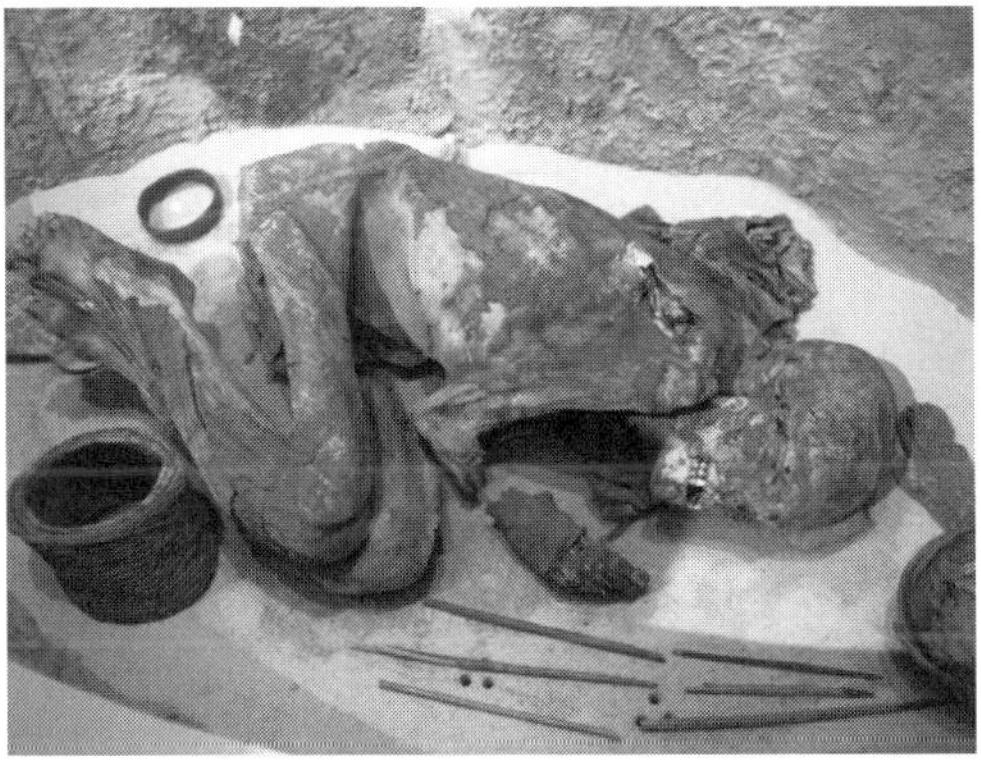

撮影：長沢伸也
出所：長沢伸也（2021a）「早稲田大学総合研究機構2020年度研究成果報告会2日目『コロナ禍だからこそ永く使える価値ある製品、文化を創るブランドを目指せ』」基調講演資料、早稲田大学総合研究機構・ラグジュアリーブランディング研究所、p.20

その人が酋長に違いない。ほら、これがラグジュアリー。

あるいは、服どころか肉体もないミイラではどうでしょうか。

この数秒後に気持ちの悪いミイラの写真を映しますので、心臓の弱い方は目を瞑ってください。はい、これがイタリア・トリノにあるエジプト博物館で展示されていたミイラです（図表3-10）。

この肉体も服もないミイラは誰か？というと、副葬品で高貴な人とわかります。解説では、副葬品の家財道具や食器類から、王族の一員と推定されていました。ほら、ラグジュアリー。

要するに、自身を際立たせる［distinguish oneself］ものがラグジュアリーなのです。自身の身分や地位、財力などが「他の人とは違うぞ」と際立たせるモノと、際立たせるコトがラグジュアリーなのです。この「際立たせるコト」とは、「他の人とは違うぞ」と自他ともに感じる心の在りようです。

このモノと心の問題は、ラグジュアリーの本質だと考えていますが、宗教的にも重要なテーマかもしれません。

私は京都に8年ほど住んでいましたが、その際、東本願寺の前を通ることも多くありました。大きな境内の塀の外側に、親鸞聖人のありがたい教えの幾つかが掲げられていましたが、その一つに「モノに囚われるのではない。モノに囚われる心に囚われるのだ」（親鸞聖人）とあり、思わず立ち止まって見入ってしまいました。親鸞聖人の教えなので、出典は『歎異抄』だと思いますが、確認できておりません。長沢家は親鸞聖人の浄土真宗ですのに情けない限りですが、父の葬儀を喪主として営んだ時に宗派を初めて認識した程度の信心の薄さですので、お許しください。物欲はモノの問題のように見えて、心が抱える欲の煩悩だということのようです。人間には煩悩がつきものなので、煩悩が憑《よ》りつかないような強靭な精神と肉体を目指して修行するのが修行系の仏教です。これに対して、人間には煩悩がつきものなので、ひたすら仏にすがれというのが念仏系の仏教のようです。浄土真宗は後者の楽なほうで良かったと安堵している時点で、既に私は救われないバチ当たりなのかもしれませんが（笑）。

さて、ラグジュアリーがモノの問題、つまり客体であるモノのＱＣＤ（品質・コスト・納期）や機能・便益だけではなく、人、つまり主体の心の在りようの問題となると、ラグジュアリーには心理的要因と社会的要因があります。

心理的要因とは、「自分のためのラグジュアリー」です。つまり、「私は酋長だ」と自分で感じるためのラグジュアリーです。このために他の人と違う服を着たりするのです。

これに対して社会的要因とは、いわば「他人のためのラグジュアリー」です。つまり、「あの人は酋長だ」と他の人が感じるためのラグジュアリーです。このために他の人と違う服を一人だけ着ていることが識別子や装置として機能するのです。

この基調講演の前半で、コロナ禍の影響や見通しとして、「見せびらかしのラグジュアリーから控えめなラグジュアリーに変わる」と申しました。「見せびらかしのラグジュアリー」は社会的要因ないしは「他人のためのラグジュアリー」、「控えめなラグジュアリー」

は心理的要因ないしは「自分のためのラグジュアリー」にほぼ相当するとお考えください。

なお、「自分のためのラグジュアリー」と「他人のためのラグジュアリー」の中間に当たる「仲間うちのためのラグジュアリー」というのもあります。世間一般の人からどのように思われても構わないが、気の置けないベンチャー起業家仲間のような小さなコミュニティーの中で「あいつは一味違う」と認められたり、認められたいというラグジュアリーです。日本のベンチャー起業家仲間の内輪で、リシャール・ミル［Richard Mille］の数千万円する時計がブームになったのは、この「仲間うちのためのラグジュアリー」だったと思います。

「ラグジュアリーだ」と区別する人がいるからラグジュアリー

禅問答のようで意味不明といわれそうではありますが、ラグジュアリーとは、「ラグジュアリーだ」と区別する人がいるからラグジュアリーなのです。これから説明をしますが、「存在」の認識という哲学的な話にならざるを得ません。

図表3-11　ソシュール［F. de Saussure, 1857-1913］『一般言語学講義』（1916）

・言語とは差異のシステム＝何かを何かと区別するためにある
・例　稲と米とご飯（日本語）、rice（英語）、riz（仏語）
・例　蝶と蛾（日本語）、papillon（仏語）
・例　兎（日本語）、lapin（仏語：飼兎）、lièvre（仏語：野兎）、levraut（仏語：仔兎）
・例　紅葉（日本語）、jaunir（仏語：黄色く色づく）、rougir（仏語：赤く色づく）
・存在（兎）は、存在（私）の区別する行為により価値を見出されて、初めて存在する
・「存在」とは、存在（兎）に価値を見出す存在（私）が居て、区別する行為により初めて存在する
・シニフィアン［signlflant：記号表現］とシニフィエ［signitié：記号内容］は、シーニュ［signe：言語記号］の分節とともに共起的に産出される→意味論、記号論

出所：長沢伸也（2021a）前掲資料、p.19

スイスの言語哲学者、フェルディナン・ド・ソシュール［Ferdinand de Saussure, 1857-1913］は、死後にまとめられた『一般言語学講義』（1916）（小林英夫訳：岩波書店、1972年など）で、言語とは差異のシステム、つまり何かを何かと区別するためにあるとしました（**図表3-11**）。

たとえば、農作物である「稲」、米粒で炊飯する前の「米」、炊き上がった「ご飯」は、日本語では言葉も漢字も違うものを充てて区別しています。しかしながら、英語では稲も米もご飯もすべて〝rice〟で区別

していません。ご飯は〝cooked rice〟または〝boiled rice〟のように1つの単語ではなく形容語を付けないと区別できません。

フランス語でも、稲も米もご飯もすべて〝riz〟です。しかも野菜の扱いです。ステーキなどの付け合わせに出てきたので驚きました。付け合わせを何種類かの中から選べる場合はホウレン草のソテーなどを選びますが、定食では選べないことも多く、バゲットと一緒に食べます。緑黄色野菜のサラダは別料金で高いので我慢すると、肉とご飯とパンだけということになり、日本人としては奇異な感じがします。

あるいは、「蝶」と「蛾」は日本語では別の言葉と漢字ですし、英語でも〝butterfly〟と〝moth〟で別の単語です。しかしフランス語では区別がなく、どちらも〝papillon〟です。具別する場合は、「蛾」のほうを〝papillon de nui〟と「夜の蝶」といいます。日本人的には「夜の蝶」と聞くと、銀座のクラブのホステスさんを思い浮かべてしまいます（笑）。

このように英語やフランス語で区別していないのは、日本人は感性が豊かで、欧米人は感性がないとか乏しいと断ずるのは誤りです。逆の例もあります。

動物の兎《うさぎ》は、フランス語では〝lapin（飼兎）〟、〝lièvre（野兎）〟、〝levraut〟（仔兎）と違う単語で区別します。これに対して、日本語では区別するなら形容語を付けますが、そもそも「飼兎と野兎と仔兎、どう違うのか?」「兎肉を食べる・食べないに由来するのではないか?」と感じるのは、私だけではないでしょう。

シャンソンの名曲「枯葉」は、ジャック・プレヴェール［Jacques Prévert］作詞、ジョゼフ・コスマ［Joseph Kosma］作曲で英語の歌詞も付けられていますし、ジャズでもスタンダードナンバーです。モンマルトル墓地［Cimetière de Montmartre］に眠る作曲者コスマの簡素な墓を探し当てたら、その墓銘には五線譜と「枯葉」の冒頭の4音が刻まれていて感動しました。フランス語では〝Les feuilles mortes〟（朽ちた葉）ですが、英語では〝Autumn Leaves〟（秋の葉）になります。

日本語では、紅葉《もみじ》や楓《かえで》が赤く色づくのも、銀杏《いちょう》が黄色く色づくのも「紅葉」といいます。しかし、フランス語では、〝jaunir〟（黄色く色づく）、〝rougir〟（赤く色づく）と区別いたします。

春には花見、秋には月見が日本人の風習です。しかし、「花見」を〝cherry-blossom viewing（picnic）〟とか、「花見の宴」を〝a cherry-blossom viewing party〟と英訳しても通じないのです。そもそも、色の濃い花を好む欧米人にとっては、桜の淡いピンクの花は好まないようですし、それをわざわざ見に行くとか、眺めながら酒宴を開くのは理解しにくいようです。

「月見」も同様です。〝moon viewing〟と英訳しても通じないのです。「月見団子」も、強いて英訳すると〝rice-flour dumplings set out as an offering to a full moon in autumn〟くらいになるとは思いますが、通じません。満月を見て「きれいだ、兎が餅をついている」と思うのは、日本人か東洋人のようです。〝moon〟以外に月を表す〝lunar〟という形容詞もありますが、〝lunatic〟という形容詞は、これは「月のようにきれいだ」ではなくて「常軌を逸した、精神異常の」という意味です。昔は月の満ち欠けによって狂気がもたらされると考えられていました。青白く冴えわたる月は怖いのです。吸血鬼ドラキュラが現れるのは満月の夜です。

このように「言葉」が違うのは、単なる言語記号つまり字面《じづら》が違うだけではなくて、突き詰めると「存在」に価値を見出して区別するから違うのです。「稲」と「米」と「ご飯」について、日本人はそれぞれが存在する価値を見出して区別するから、それぞれ表す言葉が違うのです。欧米人はそれぞれが存在する価値を見出さずに区別しないから、同じ言葉で表すのです。「飼兎」と「野兎」と「仔兎」について、日本人はそれぞれが存在する価値を見出さずに「全部、兎だ」と区別しないから、同じ言葉で表すのです。フランス人はそれぞれが存在する価値を見出して区別するから、それぞれ違う言葉で表すのです。

そして、存在（兎）は、存在（人）の区別する行為により価値を見出されて、初めて存在するのです。つまり、「存在」とは、存在（兎）に価値を見出す存在（人）がいて、区別する行為により初めて存在するのです。

したがって「ラグジュアリー」とは、ラグジュアリー（客体、モノ）に価値を見出す存在（主体、人）がいて、似たようなモノがない、つまり他のモノと違っている、そして身に着けたり所有したりしている人は他の人と違って「際立っている」と区別するからラグジュアリーなのです。逆にいえば、ラグジュアリーに価値を見出す人がいなくて、他のモノと区別されないのであれば、それはラグジュアリーではありませんし、身に着けていても「猫に小判」状態なのです。

ちなみに、ソシュールは、シニフィアン［signifiant：記号表現］とシニフィエ［signifie：記号内容］は、シーニュ［signe：言語記号］の分節とともに共起的に産出されると主張しています。つまり、シニフィアンとシニフィエはシーニュの誕生とともに生まれ、互いの存在を前提としてのみ存在するのです。そして、意味論や記号論につながっていきます。

もっと噛み砕くと、言語記号は同時に表現であり、内容であるということになります。

つまり、「ラグジュアリー」という言葉は、同時に目に見える客体である「ラグジュアリー商品」を表すとともに、主体が感じる目に見えない「際立たせる」という内容でもあるということになります。

ここから、ラグジュアリーは「知る人ぞ知る」では駄目で、自分も他人も仲間うちもそれがラグジュアリーだとわかる必要がありますし、持ち主も「際立っている」と感じるものである必要があります。つまり、持っていない人にも、よく知らない人にも「すごい！」と思ってもらえないと、ラグジュアリーとはいえないことになります。

後ほどの「マーケティングの逆張りの法則」の第10法則に、「標的にしていない人にもコミュニケーションせよ」とあるのはこのためです。

ラグジュアリー戦略は従来型マスマーケティングの「逆張り」

ラグジュアリー戦略は、従来型マスマーケティングとは全く違います。正反対、あるいは「逆張り」といってよいと思います（図表3-12）。

図表3-12　ラグジュアリー戦略は従来型マスマーケティングとは全く違う（逆張り）

項目	マーケティングの定石	ラグジュアリー戦略
PRODUCT（製品）	十分な品質（適合品質、過剰品質不可）	卓越した品質（こだわりの品質、物語のある製品）
	相対的品質	絶対的品質
	F&B（機能・便益、使用適合性、要求への一致）	感性品質（経験価値）
PRICE（価格）	低価格	高価格（適正価格）
	相対価値	絶対価値
PLACE（流通チャネル）	広い流通チャネル（店舗数増、通販や量販店…）	限定された流通チャネル（流通を支配。支配できないチャネルは用いない）、旗艦店
PROMOTION（プロモーション）	大量の広告（テレビ広告等）	パブリシティ（メディアに取り上げられること）重視
BRAND（ブランド）	従来のマーケティング理論・ブランド理論（ブランド拡張など）	従来のマーケティング理論・ブランド理論の逆張り（ブランド拡張しない）

原出所：長沢伸也著（2009）『それでも強いルイ・ヴィトンの秘密』講談社、p.22、表「ルイ・ヴィトンのラグジュアリー戦略」を一部修正
出所：長沢伸也著（2015）前掲書、p.145、表1「ラグジュアリー戦略は従来型マスマーケティングの逆張り」

従来型のマーケティング戦略、特にマスマーケティングでは、「十分な品質の製品を、安い価格で、広い流通チャネルを通して、大量の広告をして売る」のが原則です。これに対して、ラグジュアリー戦略では、「卓越した品質（こだわりの品質、物語のある製品）の製品を、高い価格（もっとも彼らは「適正価格」といいます）で、限定された流通チャネルを通して、広告よりもパブリシティ（メディアに取り上げられること）を重視して売る」のです。

また、従来型のマーケティング理論やブランド理論では、「ブランド拡張理論」という考え方が一般的です。たとえば、「コカ・コーラ［Coca-Cola］」という強いブランドがある。一方、世の中は「健康志向」がトレンドである。そこで、強いブランドを生かしながら世の中のトレンドにマッチさせて、「コカ・コーラライト［Coca-Cola light］」や「コカ・コーラゼロ［Coca-Cola Zero］」というブランドを新たにつくって拡張しろ、という理論です。ファッションブランドなら、「シグニチャー（署名）ライン」は価格が高すぎるので、ブランドのテイストを保ちながら価格を抑えた「ディフュージョン（普及）ライン」や「セカンドライン」を設けて、収入が多くない人でも買いやすくしろ、ということになります。

ファッションブランドであれば、それは正しいと思いますが、ラグジュアリーブランドではあり得ません。「シャネル」が、価格を抑えた「シャネル・ライト」や「CC・バイ・シャネル」などというディフュージョンラインや「セカンドライン」を出すわけがありません。

イタリアのブランド、ドルチェ&ガッバーナ［Dolce & Gabbana］が、ライセンスも含めて1994年以来展開していたセカンドライン「D&G」を2012年にシグニチャーブランドである「ドルチェ&ガッバーナ」と統合するため廃番というか、終了しました。理由を訊かれて、「だって、シャネルにセカンドラインはないだろう？」と回答したのを私はよく覚えています。これは、ドルチェ&ガッバーナは「これまではファッションブランドだったが、これからはラグジュアリーブランドを目指す」と宣言したと私は理解しております。

さて、ラグジュアリー戦略については、J・Nカプフェレ、V・バスティアン共著、長沢伸也訳（2011）『ラグジュアリー戦略』東洋経済新報社で体系的に論じられています。著者のジャン＝ノエル・カプフェレ［Jean-Noël Kapferer］は、フランスのグランゼコール［Grandes École］でもありトップ・ビジネススクールのHEC《アッシュ・ウー・セー》の看板教授でしたが、数年前に定年になり、INSEECビジネススクールの学長補佐になっています。もう一人の著者のヴァンサン・バスティアン［Vincent Bastien］は、1990年代にルイ・ヴィトン・マルティエ［Louis Vuitton Martier］の共同社長を務めた人物です。学者と実務家が最強タッグを組んだ本書は原書で300頁、翻訳書で500頁を超える大部ですが、ラグジュアリー戦略の基礎から応用まで網羅的に論じられています（図表3-13ⓐ）。

その中の第1部 第3章では「マーケティングの逆張りの法則」として18の法則が述べられています（図表3-13ⓑ）。非常にインパクトがあり評判も良いので、その中から2つの法則だけ紹介します。

まず法則の最初は、「『ポジショニング』のことは忘れろ、ラグジュアリーは比較級ではない」です（図表3-14ⓐ）。

従来型のマーケティングの教科書では、マーケティングの定石として「セグメンテーション」「ターゲティング」「ポジショニング」が書いてあります。頭文字から「STPアプローチ」とビジネススクールでは教えます。しかし、皆がこの「STPアプローチ」を採ると、商品の同質化やコモディティ化（顧客から見て性能、品質、ブランド力などに大差がない「似たようなもの」に映ること）を招き、価格競争になりかねません。価格競争になってしまっては、企業もブランドも疲弊してしまいます。

図表3-13　J. N. カプフェレ、V. バスティアン共著、長沢伸也訳(2011)『ラグジュアリー戦略』目次

(a)　**全体の目次**

序：ラグジュアリーであるべきか、あらざるべきか
第1部　ラグジュアリーの基礎に立ち返ろう
　第1章　はじめにラグジュアリーありきだった
　第2章　混乱の終焉：プレミアムはラグジュアリーではない
　第3章　マーケティングの逆張りの法則
　第4章　今日のラグジュアリーが持つさまざまな様相
第2部　ラグジュアリーブランドは固有のマネジメントを必要とする
　第5章　顧客のラグジュアリーに相対する姿勢
　第6章　ブランド資産を成長させる
　第7章　ラグジュアリーブランドの伸張
　第8章　製品にラグジュアリーの資格を与える
　第9章　ラグジュアリーの価格付け
　第10章　流通およびインターネットのジレンマ
　第11章　ラグジュアリーをコミュニケーションする
　第12章　ラグジュアリー会社の財務および人事マネジメント
第3部　戦略的観点
　第13章　ラグジュアリーのビジネスモデル
　第14章　ラグジュアリー業界への参入、そして離脱
　第15章　ラグジュアリーから学ぶ
　第16章　結論：ラグジュアリーと持続的発展
参考文献
訳者あとがき

(b) 第1部 第3章　マーケティングの逆張りの法則

1. 「ポジショニング」のことは忘れろ、ラグジュアリーは比較級ではない
2. 製品は欠点を十分に持っているか？
3. 顧客の要望を取り持つな
4. ブランド狂でない奴は締め出せ
5. 増える需要に応えるな
6. 顧客の上に立て
7. 顧客がなかなか買えないようにしろ
8. 顧客を非顧客から守れ、上客を並の客から守れ
9. 広告の役割は売ることではない
10. 標的にしていない人にもコミュニケーションせよ
11. 実際の価格より常に高そうに見えるべきである
12. ラグジュアリーが価格を定め、価格はラグジュアリーを定めない
13. 需要を増やすために、時間が経つにつれて価格を引き上げろ
14. 製品ラインの平均価格を上げ続けろ
15. 売るな
16. スターを広告から締め出せ
17. 初めて買う人のために、芸術へ接近するように努めろ
18. 工場を移転するな

出所：J. N. カプフェレ、V. バスティアン共著、長沢伸也訳（2011）前掲書、pp.11-18、目次

これに対してラグジュアリー戦略では、「『ポジショニング』のことは忘れろ、ラグジュアリーは比較級[comparative]ではない」とあります。先ほど説明したように、ラグジュアリーは最上級・最高無比[superlative]なのです。

極論すれば、従来型マーケティング、つまり「マーケットイン（お客様は神様です）」的なマスマーケティングは無視しろ、「プロダクトアウト（殿様商

図表 3 -14　マーケティングの逆張りの法則

(a)　**その 1 「ポジショニング」のことは忘れろ、ラグジュアリーは比較級ではない」**

✕

「セグメンテーション」「ターゲティング」
「ポジショニング」
→商品の同質化、コモディティ化、価格競争、、、

○

「ポジショニング」のことは忘れろ、
ラグジュアリーは比較級［comparative］ではない
→最上級・最高無比［superlative］だ

(b)　**その 2 「製品は欠点を十分に持っているか？」**

✕

製品は完璧であるべきだ

○

製品は傷を十分に持っているか？
→「あばたも笑窪」、傷を魅力に高める

原出所：J. N. カプフェレ、V. バスティアン共著、長沢伸也訳（2011）前掲書、pp.109-133、第 3 章「マーケティングの逆張りの法則」
出所：長沢伸也著（2015）前掲書、p.133、資料10

売）」だと言っているようなものです。もちろん、「殿様商売」といっても、悪い意味ではなく、良い意味での「殿様商売」です。他に適訳がないので、仕方なく使っております。ラグジュアリー戦略は簡単です。ビジネススクールやビジネス書で従来型のマーケティングを完全に理解したうえで、ことごとく全く逆のことをすればよいのです（笑）。

第2の法則は、「製品は欠点を十分に持っているか？」です。誤解されそうですので解説します。完璧なのがラグジュアリー製品なのではありません。ほとんど完璧に近いのだけれども、完璧でない部分があって、それが「あばたも笑窪」的な魅力にするという趣旨です。

たとえばポルシェやフェラーリといったラグジュアリー車は車高が極端に低く、床下の空間も日本車の半分くらいです。一方、日本では地方に行くとまだまだ舗装されていない道路も多く、凸凹道《でこぼこ》だったりします。するとオーナーは、大きな窪みの手前でポルシェを停めて、四つん這いになって、車体をこすって傷つけるかどうかを心配します。それでも「ガリッ」とこすったら、「やってしまった。修理代〇万円だ」と嘆きます。日本車であれば車高も高くてこすらないで済むのに、四つん這いになって手足を泥だらけにして、傍《はた》から見れば「馬鹿みたい」ということになります。しかし、本人は大真面目です。彼は、心配するのが楽しいのです。四つん這いになりたいのです。窪みでこするくらい車高が低いことや修理代が高かったことを自慢したいのです。そうでなければ、日本車を買えばよいのですから。

あるいは手巻き式機械時計。日本のソーラー電波時計は太陽光でも室内光でも発電して勝手に動きますし、基地局の電波を受信すれば放っておいても正確です。その精度は「十万年に1秒しか狂わない」そうですから、「時を計る」と書く時計の精度としては完璧です。それでは、その完璧な時計は価格が何百万円、何千万円もするかというと、数万円からせいぜい数十万円です。これに対して、何百万円、何千万円もするスイス製の機械式時計は日差数秒です。しかも、手巻き式ですと数日おきにゼンマイを巻く必要があり、これを面倒だと感じる人にとっては欠陥ですし、およそ完璧な時計とはいえません。しかし、時計愛好家は、このゼンマイを巻くのが愉しみなのです。私も、止まった時計のゼンマイを巻くと、1番車が回り、2番車、3番車と輪列を伝わっていき、やがてテンプが鼓動し始めるのをシースルーバック（裏スケ）を通して見るのが大好きです。したがって、ゼンマイを巻くのを面倒だとか苦痛だとか欠陥だと思ったことはなく、愛機に「命を吹き込む」ように感じて愉しみですし、魅力を感じています。

まさに「あばたも笑窪」で、傷を魅力に高めるという意味です。

こんな調子で18法則が挙げられております。残りは割愛いたしますので、ご興味のある方は『ラグジュアリー戦略』をお読みください。

「夢」をマネジメントする

拙訳『ラグジュアリー戦略』では、「逆張りの法則」以外にも内容満載でご紹介し切れないのですが、その中から「夢の方程式」だけでもご紹介します。

「夢の方程式」とは、「夢のような方程式」ではなくて、「夢についての方程式」です。

重回帰式なのですが、この際は係数（偏相関係数）を省略しますと、

夢＝ブランドの認知度－ブランドの普及度

というものです。つまり、ブランドの認知度とブランドの普及度との差が夢だというもの

図表3-15　ラグジュアリーの夢の釣合いをマネジメントする

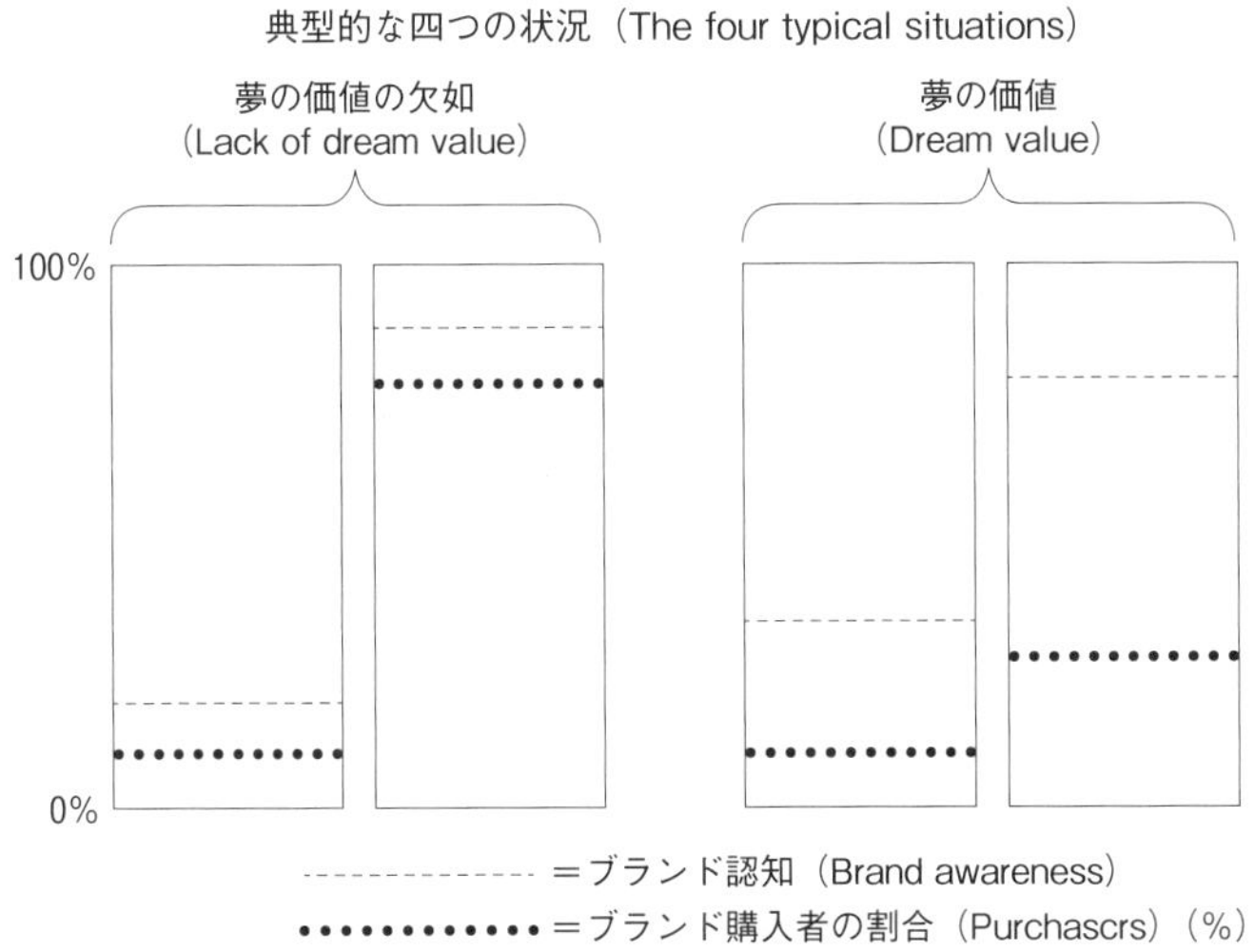

出所：J. N. カプフェレ、B. バスティアン共著、長沢伸也訳（2011）前掲書、p.227、図6.4「ラグジュアリーの夢の釣合いをマネジメントする」

です。したがって、「誰もが知っていて、誰も持っていないと、夢は大きくなる」のです。

そうすると、ブランドの認知度と普及度それぞれの状態の組合せで、4つの状況が典型的に考えられます（**図表3-15**）。

そうであるならば、ブランドの認知度が低くてブランドの普及度も低い場合や、ブランドの認知度が高くてもブランドの普及度も高い場合では、両者の差としての夢は縮んでしまいます。一方、ブランドの認知度がそれほど高くなくてもブランドの普及度が極めて低い場合や、ブランドの普及度がある程度高くてもブランドの認知度がもっと高ければ、両者の差としての夢は膨らみます。

たとえばルイ・ヴィトンなどは、ブランドの認知度が高くてもブランドの普及度も高いので、夢が縮んでしまわないように前衛アーチストやストリートブランドと積極的にコラボして限定品を出しています。なぜなら、ルイ・ヴィトンの伝統的なこげ茶色のＬＶモノグラムの鞄の普及度は高くても、期間限定のコラボの鞄の普及度は低いので、「ＬＶモノグラムの鞄は持っているけれど、限定品の鞄は持っていないから欲しい」となるからです。

ラグジュアリーは値下げや値引きをしてはいけない

拙訳『ラグジュアリー戦略』では、ラグジュアリーは値下げや値引きをしてはいけないことが繰り返し述べられています。ファッションブランドは余った在庫に割引を適用する必要がありますが、基本の規則としては、ラグジュアリーブランドにはその必要がないのです。

「逆張りの法則」では、「12　ラグジュアリーが価格を定め、価格はラグジュアリーを定めない」とか、「13　需要を増やすために、時間が経つにつれて価格を引き上げろ」、「14　製品ラインの平均価格を上げ続けろ」という形で表れています。しかし、どうせなら、「15　売るな」と同様に、「値下げするな」とか「値引きするな」と法則で直接言ってもらったほうがよかったように思います。

『ラグジュアリー戦略』の原著者の一人であるカプフェレ教授はその後、『カプフェレ教授のラグジュアリー論』（長沢伸也監訳、同友館、２０１７年）を著しています。その中で興味深い調査結果が紹介されています。

たとえば、「本物と区別がつかない模造品はラグジュアリーか？」という問いに対して、賛成派はわずかで、否定派が圧倒的多数でした。しかし、「ディオール〔Dior〕がある製品の価格を50％下げたとしたら、それでもラグジュアリーか？」という問いに対しては、賛成派と否定派はほぼ半々で拮抗していました（図表3-16）。

ここでは、典型的なラグジュアリーであるディオールが、「製品やサービスは一切変えず、一部の製品の価格のみを50％下げた場合」という状況で、それでもラグジュアリーであるか尋ねたものです。少し長くなりますが、以下に引用します。

図表3-16　50%の値下げはラグジュアリーを損なうか？

ディオールがある製品の価格を50%下げたとしたら	
それでもラグジュアリーである	45%
もはやラグジュアリーではない	55%

出所：J. N.カプフェレ著、長沢伸也監訳（2017）『カプフェレ教授のラグジュアリー論：いかにラグジュアリーブランドが成長しながら稀少であり続けるか』同友館、p.190、表7.3

ラグジュアリーであると答えた者の理由は以下のとおりである：

◆ブランドの強さである。ディオールは何十年にもわたり、ラグジュアリーの同意語であった。ディオールはラグジュアリーが意味するものを形作った。何をしようとそれはラグジュアリーである。回答者の言葉は示唆に富む。「価格がディオール製品をラグジュアリーにするのではない。それがラグジュアリーであるという事実は価格とは関係ない」。しかし、これに対して留保を付ける者もいる。短期的には、価格の引き下げがあったとしても、ディオールはディオールのまま、つまりは、ラグジュアリーである。しかし、これがくり返された場合、「ブランド自身が元の威光に陰りが出ている、ブランド力が低下していると認めているのか」という疑念が芽生えるかもしれない、というのだ。ここにブランド資産が薄弱化する危険性がある。

では、50％の割引があればそのディオール製品はもはやラグジュアリーではない、と答えた55％はどうだろう？　彼らの回答の理由は何だろうか？

◆製品は同じかもしれないが、しかし、その排他性の威信、付随していた稀少性は失われてしまう。新しい価格は一般大衆にとってより身近なものになり、違いがほとんどわからなくなっている。「ラグジュアリーとは、誰にでも手に入るものではない」：値下げはこのような知覚価値の源を傷つける。

◆これらの消費者は同時に、今まで積み重ねてきたブランドとの親密な関係を裏切られたという思いを持つ。この値下げは、ブランドが自分以外の標的を求めていることを示している―不誠実であるという標である。

是か非かの二者択一ですし、その理由についても定性的なヒアリングだけですので、あまりにも単純な調査だとは思うものの、単純な調査であるがゆえにわかりやすく、説得力があります。

いずれにしても、売上増を意図して半額に値下げすると、顧客の半分が離れてしまい、失ってしまう人数以上に顧客が増えないとトータルの売上は下がってしまうことになりそうです。しかし、それはかなり難しいので、ブランド価値の観点でももちろんですが、単純な売上という点でも値下げはしないほうがよさそうだといえます。

「こだわり」には理念と実現力と実行力が必要

先ほどラグジュアリー戦略は、「卓越した品質（こだわりの品質、物語のある製品）の製品を、高い価格（もっとも彼らは「適正価格」といいます）で、限定された流通チャネルを通して、広告よりもパブリシティ（メディアに取り上げられること）を重視して売る」と申しました。これは考えようによっては、「こだわりの製品を、こだわりの価格で、こだわりの流通チャネルを通して、こだわりのプロモーションをして売る」と言い換えることも可能だと思います。

そこで、〝こだわり〟にこだわりたいと思います。

この講演の冒頭で、過去に開催したシンポジウムや講演会をご紹介しましたが、2017年1月に開催した「日本の〝こだわり〟が世界を魅了する」シンポジウムでは、まさに

図表3-17 「こだわり」の3要素仮説

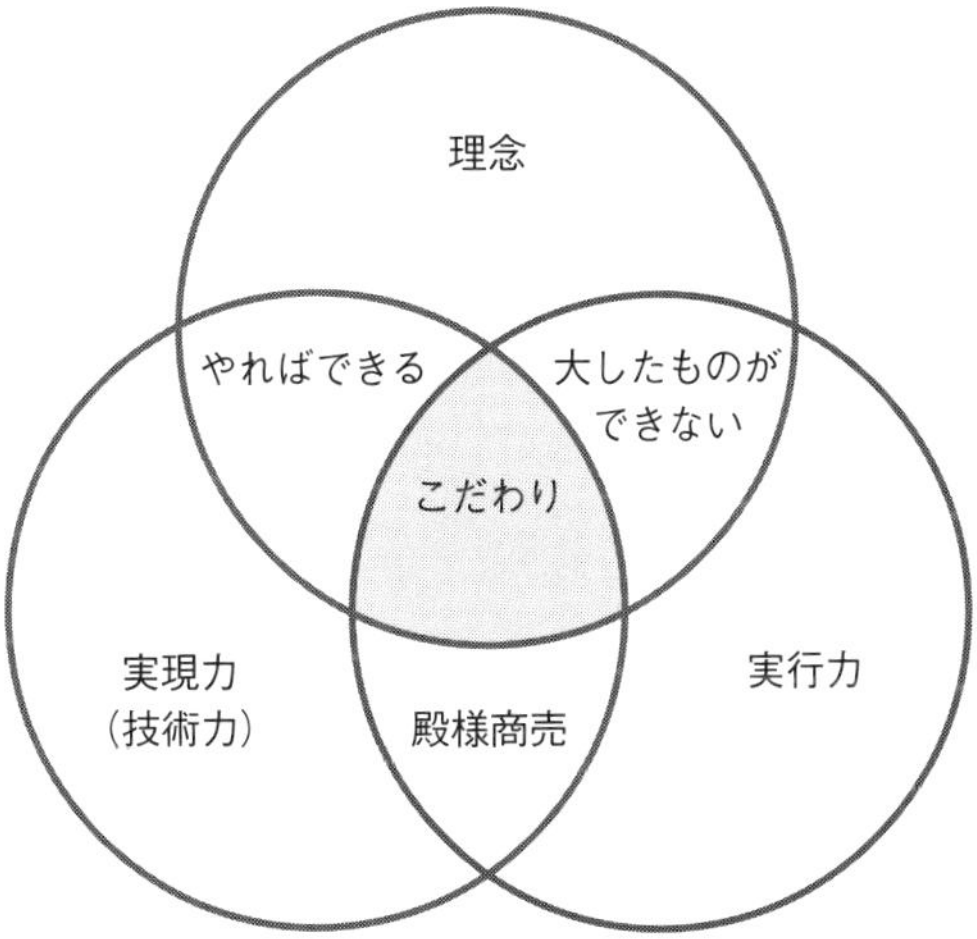

出所：長沢伸也編（2017）『日本の〝こだわり〟が世界を魅了する―熱烈なファンを生むブランドの構築―』海文堂出版、p.31、図表1-8を一部修正

〝こだわり〟にこだわりました。

そこでは、「〝こだわり〟の3要素仮説」を打ち出しました（図表3-17）。

つまり、〝こだわり〟は、理念と実現力（技術力）と実行力の3要素が全部揃わないとできないのではないか。理念だけでも、実現力（技術力）だけでも、実行力だけでも駄目です。また、理念と実現力（技術力）だけでは、「やればできる」とはいうものの、実行力を伴わなければ結局「やらない」のです。また、理念と実行力だけで実現力（技術力）を伴わなければ「大したものができない」のです。さらに、実現力（技術力）と実行力だけで理念を伴わない、あるいは理念が間違っていれば、自己満足で消費者に受け入れられない殿様商売です。ここでの殿様商売は、もちろん悪い意味です。

〝こだわり〟は、他ブランドが「どうでもよい」、「大した違いはない」と考えている点を「神は細部に宿る」とばかりに追求したり、技術的あるいはコスト的に「無理だ」、「諦めた」としている性能や特徴を実現したりすることです。したがって、必ず他ブランドとの違いができます。また、この限界への挑戦は、超一流になるための「限界的練習［deliverate practice］（エリクソン［A. Ericsson］とプール［R. Pool］『超一流になるのは才能か努力か？』文藝春秋、２０１６年）ともいえます。

逆に〝こだわり〟が全くなくて、すべてにおいて可もなく不可もないという「他ブランド並み」だとしたら、ブランドは弱く、価格競争しかなくなると思います。

なお、実現力については、わかりやすいので技術力を括弧書きしましたが、技術力のレベルだけとは限りません。むしろ、「実現するための方法論の理解力」のレベルといったほうがよいように思います。つまり、「どのようにやればよいかをわかっていること」です。たとえば、すぐ後にお話しする「〝歴史〟にこだわって、〝歴史〟をブランド要素化する」場合、どのようにやれば〝歴史〟をブランド要素化できるかわかっていること」になります。

このように考えると、〝こだわり〟は、ブランド戦略の起点かつ基点になるのではないかと思います。

歴史・土地・人物・技術にこだわりブランド要素に昇華させよ

〝こだわり〟がブランド戦略の起点かつ基点になるのであれば、何に〝こだわり〟、どうやってブランド要素に昇華させて活用するか、について述べたいと思います。

コカ・コーラに代表される日用生活品（ＦＭＣＧ）や汎用品（コモディティ）においては、ブランドの構成要素として一般に、ネーム（名称）／ロゴ（ロゴマーク、ロゴタイプ）／キャラクター／スローガン（キャッチコピー）／ジングル（音、音楽）／パッケージ（包装、容器）が挙げられます（図表3-18）。

それぞれの要素は一貫したブランドイメージを与えることができるように設計することで、他の商品・サービスとの差別化を図ることができるとされています。ラグジュアリー

図表3-18　日用生活品とラグジュアリーのブランドの構成要素の違い

- 日用生活品（FMCG）や汎用品（コモディティ）におけるブランド構成要素
  - ネーム（名称）
  - ロゴ（ロゴマーク、ロゴタイプ）
  - キャラクター
  - スローガン（キャッチコピー）
  - ジングル（音、音楽）
  - パッケージ（包装、容器）
- ラグジュアリーブランドでは、以下の要素が重要
  - 歴史（単なる年号ではなく、歴史上の出来事や著名人）
  - 土地（創業地、主力工場所在地。国よりも地域や村単位）
  - 人物（偉大な業績をブランドに残した偉人。創業者、技術者、デザイナーの想い、情熱、こだわりへの敬意・賛辞）
  - 技術（特許、ノウハウ、デザインを含む）

出所：長沢伸也編著、杉本香七共著（2021）前掲書、pp.20-21、§1-2「日用生活品とラグジュアリーのブランドの構成要素の違い」本文

ブランドでも、ネーム、ロゴ、パッケージは必要です。

ネームは、たとえば「ルイ・ヴィトン」や「ブルガリ［Bulgari］」というブランドネーム（ブランド名）は、いかにもフランス風、イタリア風です（もっともブルガリの出自はギリシャ系のようです）。ルイ・ヴィトンと同じ鞄のブランドでもランカスター［Lancaster］や、ブルガリと同じ宝飾ブランドでも「フレッド［Fred］」などは英語風なので、アメリカのブランドと勘違いされて損をしているかもしれません。日本のブランドで

世界を目指すのにフランス語のブランド名を付けたりするのは、筆者は感心しません。といって、ベタな日本語では海外の人が発音しにくくなります。したがって、海外の人が発音できて、かつ、日本語または日本由来であることがわかるブランドネームがよいと思いますが、国籍不明なものが多くて残念です。

また、スローガンとして、デビアス（De Beers）の〝A Diamond is Forever（ダイヤモンドは永遠の輝き）〟は20世紀のマーケティングの歴史の中において最も成功したスローガンの一つです。ただし、ラグジュアリーブランドは全般にテレビCMをほとんどしないので、CMソングのようなジングルは有効とは思われません。また、ケンタッキー・フライドチキン（KFC）のカーネル・サンダースおじさんの立像のようなキャラクターは逆効果でしょう。

一方、ラグジュアリーブランドでは、日用生活品や汎用品においては無視されている歴史（単なる年号ではなく、歴史上の出来事や著名人）／土地（創業地、主力工場所在地。国よりも地域や村単位）／人物（偉大な業績をブランドに残した人物。創業者、技術者、デザイナーの想い、情熱、こだわりへの敬意・賛辞）／技術（特許、ノウハウ、デザインを含む）という4つの要素が重要であると、筆者の長年の研究から結論づけました。

図表3−19　長沢伸也編著、杉本香七共著（2021）『カルティエ 最強のブランド創造経営』目次

はじめに
Chapter 1　日本企業はラグジュアリーに学べ
Chapter 2　日本企業が学ぶべきはLVMHよりもリシュモン
Chapter 3　リシュモン傘下のブランド
Chapter 4　歴史による正統性と真正性の向上
§4-1　歴史の存在と内容を認識する
§4-2　歴史を強化・強調する
§4-3　歴史を伸張する
Chapter 5　土地による正統性と真正性の向上
§5-1　土地の存在と内容を認識する
§5-2　土地を強化・強調する
§5-3　土地を伸張する
Chapter 6　人物による情熱とこだわりの発現
§6-1　人物の存在と内容を認識する
§6-2　人物を強化・強調する
§6-3　人物を伸張する
Chapter 7　技術による独自性と正当性の向上
§7-1　独自技術の存在と内容を認識する
§7-2　独自技術を強化・強調する
§7-3　独自技術を伸張する
Chapter 8　まとめ、提言
Supplementary Chapter　［補章］ラグジュアリー戦略、日本の萌芽的事例

出所：長沢伸也編著、杉本香七共著（2021）前掲書、pp.9-15、目次

これらをブランドの要素として活用してブランド要素化（経営資源化）することが、感性価値を高める必要条件です。つまり、これらをブランド要素に昇華させて、単なるものづくり企業をブランドに変身させるのです。

これらについて近刊（長沢伸也編著、杉本香七共著（2021）『カルティエ 最強のブランド創造経営』東洋経済新報社）では、カルティエなどのリシュモン傘下のブランドの例を用いて解説しています。ご参考までに章立てをお示ししますが、歴史／土地／人物／技術のブランド要素化について述べた第4章～第7章は節も示しています（図表3-19）。

たとえば、歴史でしたら、歴史の存在と内容を認識する／歴史を強化・強調する／歴史を伸張するのです。

なお、技術については、単に技術力を磨け、と言っているのではありません。技術をブランド要素化しろと言っております。

具体的な例がないとわかりにくいと思いますが、ＩＷＣシャフハウゼン（IWC Schaffhausen）の『インヂュニア（Ingenieur）』の例をこの後のパネルディスカッションでご紹介したいと思います。

お伝えしたいことがたくさんありますので駆け足になりましたが、これで私の基調講演を終わります。
ご清聴ありがとうございました。（拍手）

4 パネルディスカッション

長く使える価値ある製品、文化を創るブランドを目指せ！

リシャールミルジャパン株式会社代表取締役社長 川﨑 圭太
アルルナータ代表 寺西 俊輔
GIA Tokyo代表 高田 力
勝沼醸造株式会社代表取締役社長 有賀 雄二
株式会社玉川堂代表取締役社長 玉川 基行
早稲田大学ラグジュアリーブランディング研究所所長、WBS教授 長沢 伸也

【長沢（ファシリテーター）】　それでは早速始めたいと思います。今回は暮らしということで、衣、装いを含む衣・食・住でお話を進めたいと思って、それぞれ代表的な企業や組織の経営者・代表者をお招きしております（図表4-1）。

パネリストの自己紹介、会社紹介、製品紹介

まず、簡単にお一人ずつ自己紹介、会社の紹介、製品の紹介、あとファミリービジネスに該当するのか、特にコロナ禍で会社の状況、売上はどうなのかということを簡単にお話しいただきたいと思います。

順不同ですが、リシャールミルジャパン、川﨑社長、お願いします。

【川﨑】　どうもこんにちは、川﨑です（図表4-2）。今日はここに参加させていただきましてありがとうございます。

まず自己紹介です。私は、大学を卒業してからずっと輸入を専門とする商社におりました。そこでスポーツ用品からアパレル、時計などの輸入商品を取り扱ってずっと40代まで

図表4－1　パネルディスカッション「長く使える価値ある製品、文化を創るブランドを目指せ！」

パネリスト（順不同）
川﨑　圭太（リシャールミルジャパン株式会社代表取締役社長）
寺西　俊輔（アルルナータ代表）
高田　　力（GIA Tokyo代表）
有賀　雄二（勝沼醸造株式会社代表取締役社長）
玉川　基行（株式会社玉川堂代表取締役社長）

ファシリテーター（MC）
長沢　伸也（早稲田大学ラグジュアリーブランディング研究所所長、WBS教授）

出所：早稲田大学ラグジュアリーブランディング研究所（2021）「早稲田大学総合研究機構2020年度研究成果報告会２日目『コロナ禍だからこそ永く使える価値ある製品、文化を創るブランドを目指せ』」資料、早稲田大学総合研究機構・ラグジュアリーブランディング研究所、p.6

きたのですけれども、何をやっても失敗、失敗の連続でした。40歳を超えた頃にこのリシャール・ミルさんという、今70歳なんですけれども、彼と出会いました。

彼の時計を見せてもらってですね、彼が「これは俺の時計だ」と。「どこの時計ですか」と訊いたら、「これは俺の時計だ」というところから始まりまして、見たら当時の値段で１９００万円ぐらいの商品だったのです。とてつもなく高いなというふうな印象があったのですが、その時にリシャールさんの想いと情熱と、それから私がその時に見た最初の感情で、この商売をやってみようと、本当

図表４－２　リシャールミルジャパン株式会社代表取締役社長
川﨑圭太氏

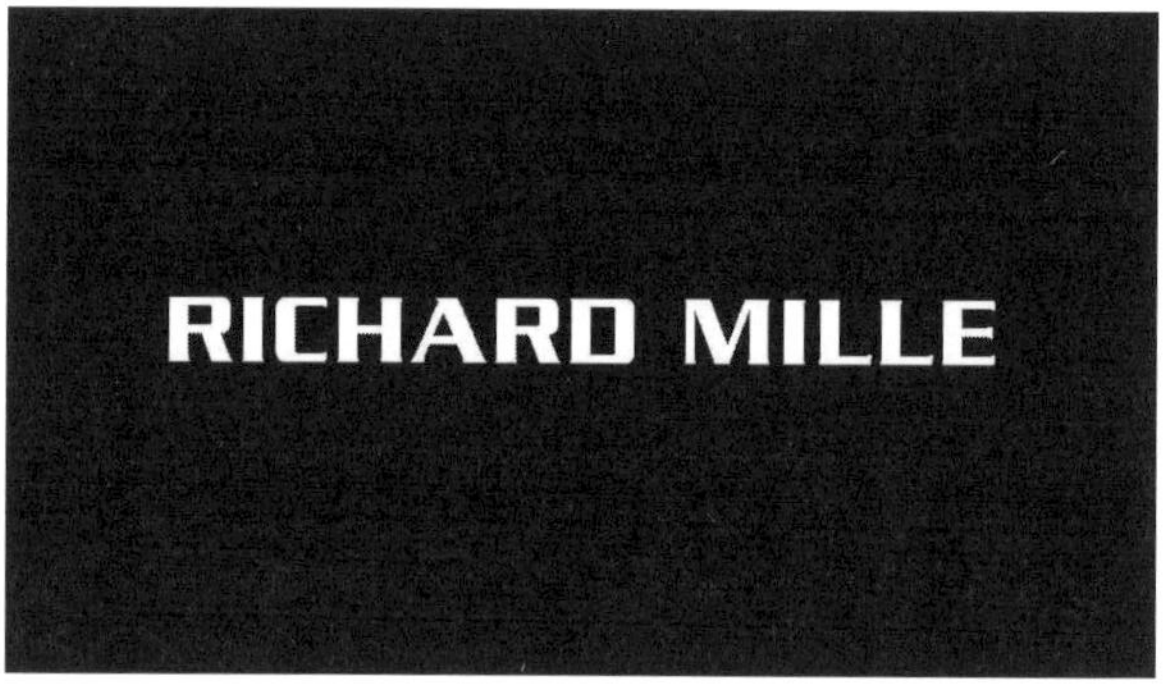

出所：川﨑圭太（2021）「早稲田大学総合研究機構2020年度研究成果報告会２日目『コロナ禍だからこそ永く使える価値ある製品、文化を創るブランドを目指せ』」資料、早稲田大学総合研究機構・ラグジュアリーブランディング研究所、p.1

川﨑　圭太（かわさき けいた）
リシャールミルジャパン代表取締役社長
1961年生まれ、東京都出身。1984年に輸入商社に入社。そこではスポーツ、アパレル、時計事業に携わる。1999年にリシャール・ミル氏と出会い、2004年に東邦時計の時計部部長就任と同時に、リシャール・ミル日本正規輸入代理店をスタート。従来の高級時計のマーケティング手法にとらわれない型破りな戦略で、超高級時計ブランドとしての地位を確立。そして2010年、リシャールミルジャパン設立と同時に同社の代表取締役社長に就任。

に直感でスタートしました。

リシャール・ミルが2001年からこのブランドを立ち上げました。日本では私がリシャールさんと一緒にこれをやろうよという話になってからちょっと時間がかかりまして、2004年からスタートしました。今2021年ということで、ブランド立ち上げからはちょうど20年ということです。

そして今現在に至るのですけれども、最初に申し上げましたように、約1900万円からブランドがスタートしました。私は、時計業界におりましたので、名だたる時計屋の社長さん数十名にプレゼンをしたのですけれども、本当に総スカンを食らいました。印象的な言葉は、「君、時計を知っているのか?」と。要するに値段が異常だ、この値段の根拠がわからんということで、「そうですか」と引き下がるしかありませんでした。そこからもまったく厳しい状態が5年ぐらい続きましたけれども、そんな中で一生懸命発想を変えて、ちょっとやり方を変えてですね、やり始めて今に至っております。

今は本当におかげさまで平均単価が約2400万円という時計なのですけれども、今ここにある、この一番左側の一番上（図表4-3）が最初の初期モデルですが、これが1900万円だったのです。当時はゴールドが当たり前だという時代に、チタンで作って、そ

図表4－3　リシャール・ミルの時計

出所：川﨑圭太（2021）同前、p.2

れで総スカン食らったわけですが、今ではもうチタンが当たり前になっているというようなブランドになってきています。

そのような形で、今は平均単価で約2400万円の時計がだいたい年に400～500本売れるようなビジネスに成長させていただきまして、おかげさまでありがたいことです。これからもどんどん進化していきたいなということで今やっております。

【長沢】　川﨑社長、コロナの影響はどうでしょうか。

【川﨑】　コロナの影響については大変申し上げにくいのですけれど、この緊急事態宣言の1月の売上は昨年を超えました。本当にコロナの影響を受けたのは、本国がコロナでロックダウンになって商品が2ヵ月作れず、昨年のデリバリー本数が減ったことです。その分、売上個数自体は当然減ったのですけれども、大変ありがたいことに、私どもの売上そのものは非常に成功と申しますか、1月の緊急事態宣言発出にもかかわらず既に昨年を超えているというような現状でございます。

【長沢】 ありがとうございます。それほど好調とは驚きました。

では、装いという意味でのファッションは、広く衣・食・住の衣だとは思っていますが、まさに洋服そのもののアルルナータの寺西代表に、自己紹介と会社、あるいは製品の紹介をお願いします。

【寺西】 ストゥディオ・アラタ［STUDIO ALATA］の寺西と申します（図表4-4）。よろしくお願いいたします。

私は2018年よりアルルナータというプロジェクト名で、日本の伝統技術を用いながら、現代のライフスタイルに合った作品を製作し、伝統技術の新たな価値を追求し、日本だからこそ可能なラグジュアリーというものを発信しています。現在は妻と二人で活動しております。このアルルナータという名前が読みにくいとよくいわれますが、これは何かといいますと、新しい「新た」［AL（R）ATA］という意味と、「あなた」［ANATA］と

図表4－4　アルルナータ代表　寺西俊輔氏

出所：寺西俊輔（2021）「早稲田大学総合研究機構2020年度研究成果報告会２日目『コロナ禍だからこそ永く使える価値ある製品、文化を創るブランドを目指せ』」資料、早稲田大学総合研究機構・ラグジュアリーブランディング研究所、p.1

寺西　俊輔（てらにし しゅんすけ）

STUDIO　ALATA合同会社代表、ARLNATA〈アルルナータ〉ディレクター

京都大学建築学科卒業後、YOHJI YAMAMOTO入社。生産管理・パタンナーを経て、イタリア・ミラノに渡る。CAROL　CHRISTIAN　POELLチーフパタンナー、AGNONAクリエイティブディレクターSTEFANO　PILATI専属３Dデザイナーとして経験を積んだ後、HERMÈS入社、フランス・パリに移る。レディスプレタポルテの３Dデザイナーとして働いた後、2018年日本に帰国し伝統技術の新たな価値の発信とその認知度の向上を通じた地域活性化を目的としたSTUDIO　ALATAを設立。現在は主に着物を用いた洋装を提案するプロジェクトARLNATA〈アルルナータ〉の名前で活動中。

いう2つの単語を組み合わせて作った造語です。あなた方と一緒に日本の伝統技術の新しい価値を発信していきましょうと、そういう意思を込めて創りました。

私自身はアルルナータを「プロジェクト」としており、世間一般のいわゆる「ファッションブランド」とは意識的に区別しています。それは一般的なファッションブランドはデザイナーやディレクターと呼ばれる人とその作品を中心としてプロモーションしていることがほとんどだと思いますが、アルルナータではデザイナーはあくまでプロジェクトの一翼を担う一人としての認識で、実際に手を動かしている職人とその技術や、職人が作り上げた作品に価値を見出してくださる消費者と並列に位置づけており、お互いの存在を尊重し合い一緒に伝統技術の魅力を発信していきたいと考えているからです。

私は、創業前は約16年ほどさまざまな規模の、いわゆるラグジュアリーブランドでデザイナー兼パタンナーという立場で働いてきました。日本ではヨウジヤマモト［Yohji Yamamoto］であったり、その後ミラノに移りましてキャロル・クリスチャン・ポエル［Carol Christian Poell］というすごく小さなアトリエで働いた後にゼニア［ZEGNA］グループのアニオナ［AGNONA］というブランドで、その後は直近ではパリのエルメス［Hermès］本社でデザイナー兼パタンナーとして働いておりました。

このアルルナータをスタートさせたきっかけは、パリでプルミエールビジョンという世界一の生地展がありまして、そこで着物素材を洋服にも販売していきたいという着物の織元さんとたまたま出会ったことでした。そこで初めて着物の世界に触れるきっかけをいただきました。けれども、その際に着物というものは人の手仕事が大きな付加価値を生むという、いかにラグジュアリーな世界であるかということに気づかされたと同時に、同じ糸偏の人間である自分がまったく今までその着物に触れる機会がなかったという事実にもすごく違和感を覚えました。そこから日本の伝統産業、特に着物なのですけれども、が抱える後継や技術の継承であったりという業界のいろいろな問題点を解決していかないといけないのではないかというところに行き当たりました。そこで、自分の今までのラグジュアリーブランドでの経験を活かしながら何とかプロモーションを一緒にできればいいなということで、アルルナータをスタートさせたのです。

今は特に着物をメインに洋服作りをしております。どういった方法でやっているかといいますと、昨年の9月に伊勢丹の呉服フロアで開催させていただいたイベントを例に説明いたします（**図表4-5**）。呉服のフロアなので呉服の反物は置いてあるのですが、その隣に洋服のサンプルを、これは私が自分自身でデザインしたものなのですけれども、これを

図表4-5 アルルナータ 伊勢丹新宿店にて（2020年9月）

出所：寺西俊輔（2021）同前、p.2

置いて、お客様には洋服に仕立てる場合には好きな反物とデザインを選んでいただく。一方、お着物を仕立ての場合はお着物の反物とお仕立てを選んでいただく。このように反物を和服にも洋服にもお仕立てできる空間を提供するサービスをスタートさせたところ非常に好評を得ました。あとは、京都で同じようなイベントを行ったり、今メインでお取引をさせていただいている石川県の牛首紬《うしくびつむぎ》の地元でもあります金沢市でもイベントを開催しております。

将来的には日本の各地域ごとでそれぞれの特産品のみを扱った作品を展示・販売し、その場所に行けば購入できる、という地域限定的な販売形式にすることで観光業などと連携

図表4－6　アルルナータ　メンズロングコートMLC01R
（夏牛首〈石川県白山市〉＋螺鈿織〈京都府京丹後市〉）

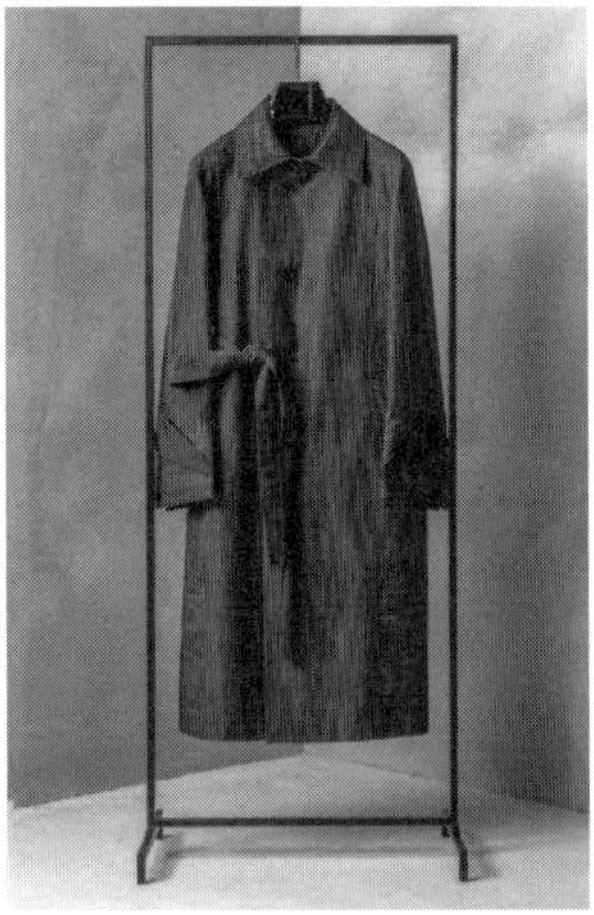

出所：寺西俊輔（2021）同前、p.3

して産地の活性化を図れればと考えています。

こちらのメンズロングコート（図表4－6）が実物の商品なのですけれども、これは牛首紬（正確には夏牛首）を丸々一反使って仕立てたコートで、さらに上衿やカフス、胸元に京丹後の高級帯「螺鈿織《らでんおり》」素材を配しています。これらはオプションで、予算や用途によってお客様に選んでいただくことができます。あと、ほかにも、この大判ケープ（図表4－7）は久留米絣、九州のものになるのですけれども、こういうものをニットと組み合わせたり。伸びる素材であるニットと伸びない素

図表4－7　アルルナータ　大判ケープ JG01
（久留米絣〈福岡県八女市〉＋ニット〈新潟県見附市〉）

出所：寺西俊輔（2021）同前、p.4

材の着物を、ニットを縫い合わせる特殊な技術を使って仕立てています。次のショートブルゾンとプルオーバー（**図表4－8**）のうち、ブルゾンは絣《かすり》という着物ではよく使われる糸の染色技術を使ったシルクのデニムで作っています。

また、下のスカートは紋紗《もんしゃ》という夏物の着物で丹後で織っていただいたものなのですけれども、こういった着物素材も洋服にしています。あと、もともとの「着物」というアイデンティティも大事にしたいという想いから、反物の柄自体も自分自身でデザインして作ったりもしています。

図表４－８　アルルナータ　手絣染シルクデニム アシンメトリックショートブルゾン JJ01〈京都府与謝郡〉、絣染シルクカシミアニット 2D 半円プルオーバー JM03、紋紗ラップスカート JS01M〈京都府与謝郡〉

出所：寺西俊輔（2021）同前、p.5

【長沢】　ありがとうございました。ちなみにその牛首紬のコートって、おいくらぐらいでしょうか。

【寺西】　そうですね、こちらはもともとのお着物の反物代＋《プラス》お仕立て代という形になっています。なので、反物も20万、30万から１００万以上のものまでありますので、そこはお客様の要望に対応しながら選んでいただく形になります。ちなみに、先ほどの牛首紬＋螺鈿織のコートは合計66万円（税別）です。

【長沢】 コロナ禍でどうですか、商売は。
【寺西】 弊社はそもそも卸売とかをまったくしていません。B to Cの直接販売しかやっていないので、イベントができないと完全に何もできなくなるのですけれども、それも一時的なものでしたので、幸いにもあまり大きな影響は受けておりません。
【長沢】 それはよかったですね。
では引き続き、装い、といっても服だけではなくて広い意味のファッションというつもりで「装い」といっておりますが、時計業界に続いて、宝飾業界について高田代表にお話をいただきたいと思います。
【高田】 はい、わかりました。初めまして、本日はお招きいただき、ありがとうございます。GIA東京の代表をしております高田と申します（図表4-9）。
まず私の自己紹介をさせてください。大学を卒業してから真珠のミキモト［Mikimoto］におりまして、その後は自分の会社をやっていた時期もあるのですけれども、その後、ティファニー&カンパニー［Tiffany & Co.］のアジア・パシフィック部門、香港がベースですね、そちらのほうでアフターセールスサービスとカスタマーサービスのリージョナル・ダイレクターをしていました。その後、ラルフローレン・ウォッチ&ジュエリー［Ralph

図表4－9　GIA Tokyo代表　高田　力氏

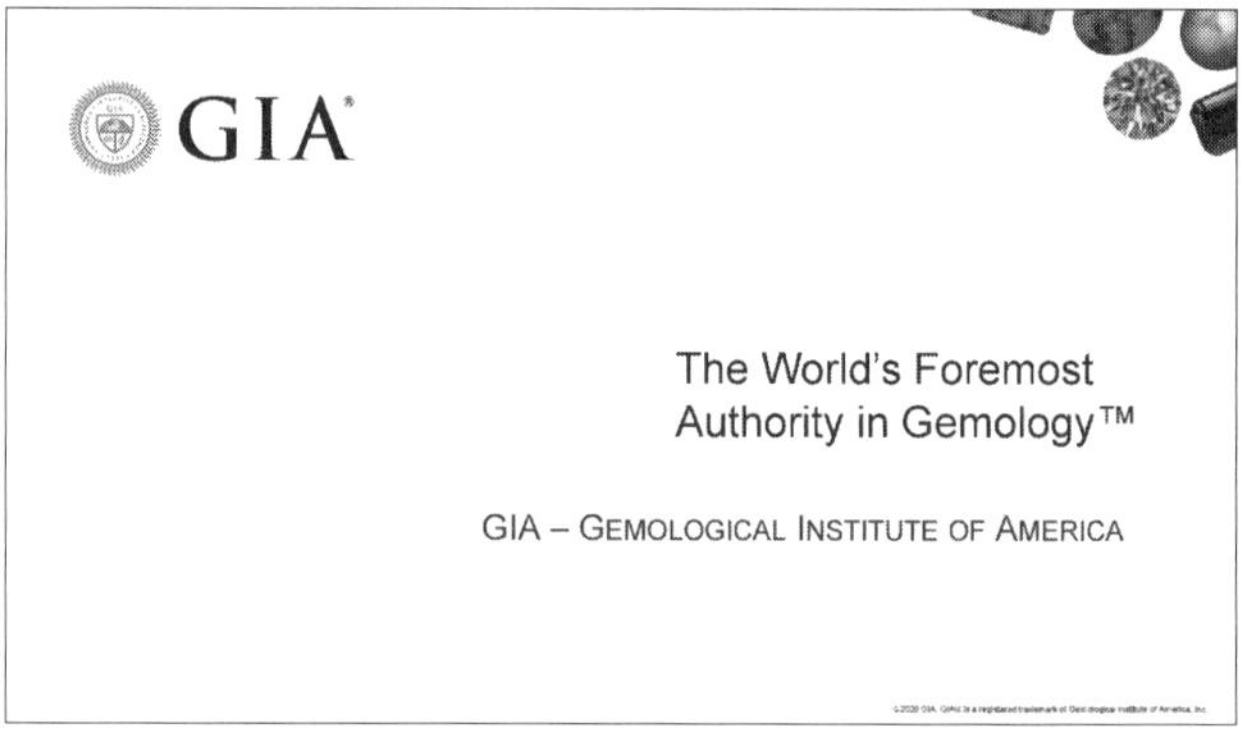

出所：高田　力（2021）「早稲田大学総合研究機構2020年度研究成果報告会2日目『コロナ禍だからこそ永く使える価値ある製品、文化を創るブランドを目指せ』」資料、早稲田大学総合研究機構・ラグジュアリーブランディング研究所、p.1

高田　力（たかだ つとむ）

GIA Tokyo代表責任者

GIAは、「ダイヤモンドの4C」を開発した米国に本部を構える世界的な宝石鑑別機関。慶應義塾大学総合政策学部卒業。シカゴ大学MBA。株式会社ミキモトにてキャリアをスタートさせ、ミキモト香港にて商品部門マネージャーを勤める。その後、Tiffany & Co. Asia Pacific（香港オフィス）にてアジア全域のAfter Sales ServiceとCustomer Service部門のRegional Director、そしてRalph Lauren Watch & Jewelry部門Asia地域のBrand Directorを経て現職。

Lauren Watch & Jewelry］のアジア部門のブランドダイレクターをして、そして現在GIA東京の代表をしているという経歴になります。

ミキモト香港にいる際にシカゴ大学のエグゼクティブMBAに通って、MBAも取得しました。今回多くの大学院生も参加されていると思うのですけれども、現在自分もジョージタウン大学のテクノロジーマネジメントの修士号を取るべく、今オンラインの学生をしております。

私が今代表を務めているGIAはどんな団体かといいますと、GIAは1931年にロバート・シップリー氏によって設立されたノンプロフィットの団体になります。目的はジュエリー業界や消費者をサポートするという意図で活動しています。本部はアメリカのカリフォルニア州のカルスバット、だいたいロサンゼルスとサンディエゴの間ぐらいのところにあります。GIAが最も有名なのはダイヤモンドの品質評価の4C、これはおそらくジュエリーショップに行かれたら一度は聞いたことがあるんじゃないかなと思うのですけれども、この4Cを1940年に考案したというところが強みになります。現在は世界11カ国で展開していて、グローバルで約3000人ぐらいのスタッフがいます。この写真（図表4-10）はカルスバットのオフィスになります。東京は鑑別の事務所があります。

図表 4-10　GIA とは

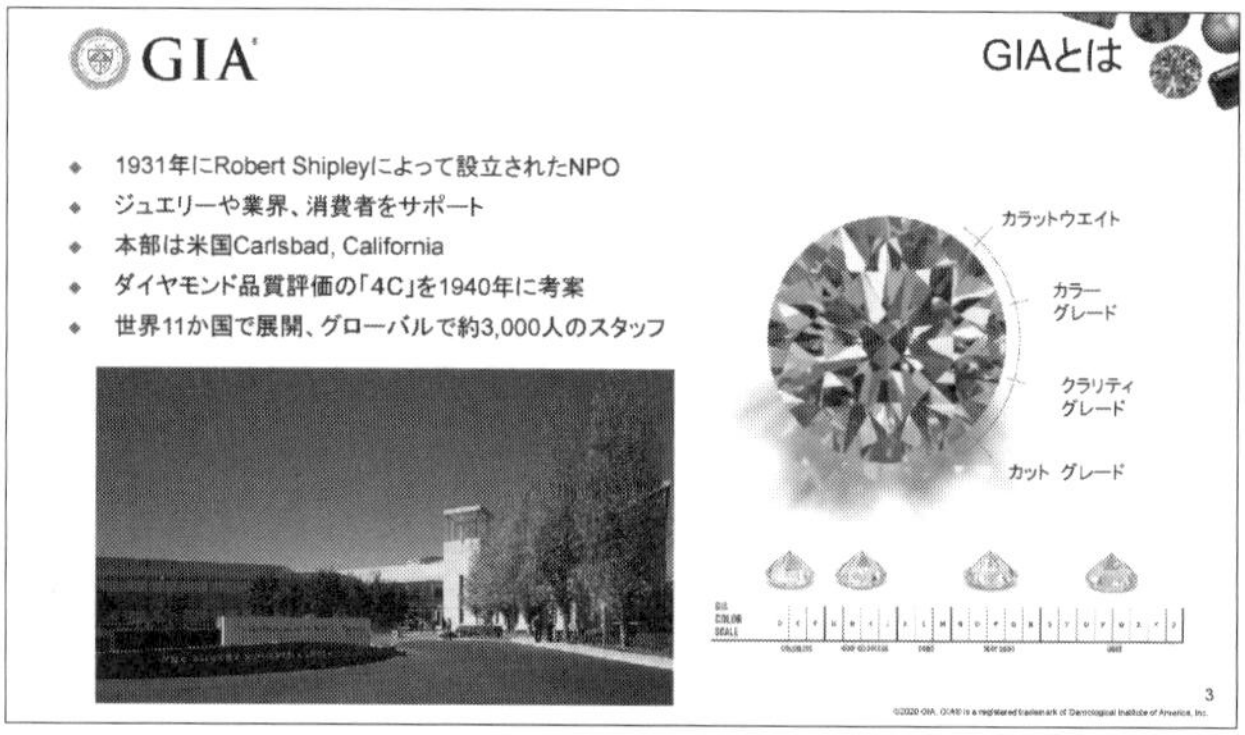
GIA
GIAとは
1931年にRobert Shipleyによって設立されたNPO
ジュエリーや業界、消費者をサポート
本部は米国Carlsbad, California
ダイヤモンド品質評価の「4C」を1940年に考案
世界11か国で展開、グローバルで約3,000人のスタッフ
カラットウエイト
カラー
グレード
クラリティ
グレード
カット グレード
3

出所：高田　力（2021）同前、p.2

このように大きく4つの機関があって、研究、機器開発・販売、教育、ラボラトリーという形です（図表4-11）。最近だと合成ダイヤなんかが出てきていますので、その研究をやったりしています。機器開発に関しては、ジュエリー業界をサポートするような機器を売ったり、教育に関しては宝石鑑定士の勉強ができるようにしたりしています。ラボは鑑別機関です。ダイヤモンドとか、あとはルビー、サファイアなんかの宝石の鑑別書を発行しています。

GIAで鑑別された有名な宝石をご紹介します。こちら（図表4-12）は、ホープダイヤモンド、45キャラットのブルーのダイヤモンドですね。これはおそらくスミソニアンで見たことがある方もいるかと思いますけれども、こう

図表 4 -11　GIA のサービス

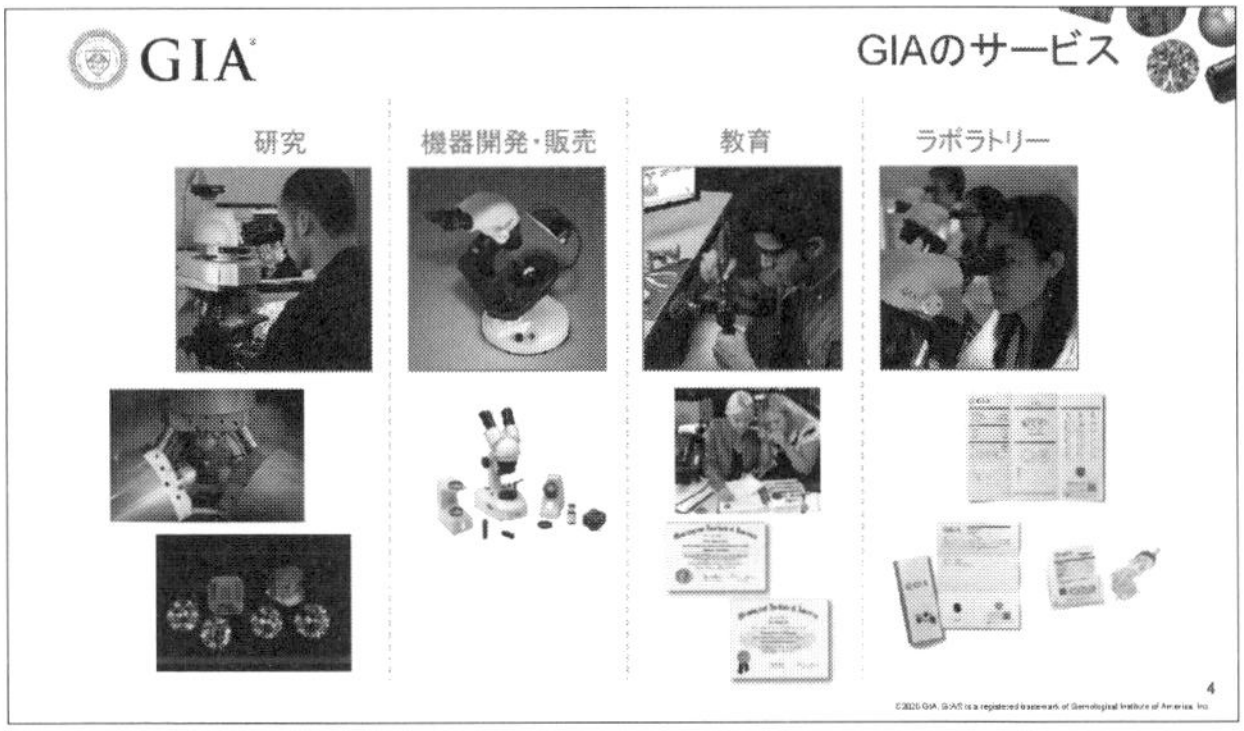

出所：高田　力（2021）同前、p.3

図表 4 -12　GIA にて鑑別された有名な宝石

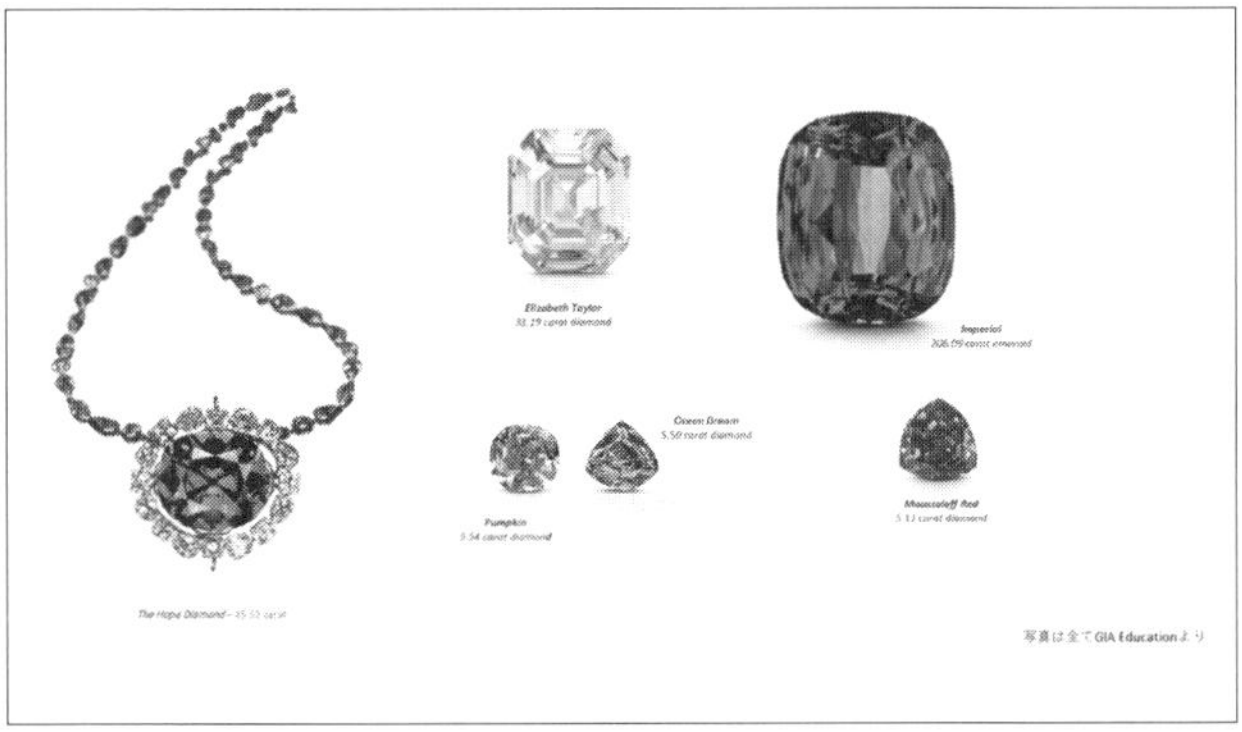

出所：高田　力（2021）同前、p.4

いったものとか、エリザベス・テーラーというダイヤモンドとか、インペリアルという名前の206キャラットのエメラルド、その他にもパンプキンというちょっとオレンジがかったイエローのダイヤモンド、オーシャンドリーム、あとはすごく珍しい赤いダイヤモンドとか、こういった歴史上非常に価値のある宝石を鑑別してきたのはGIAといえます。

このような形の組織ですので、私はラグジュアリー・ジュエリーブランドをサポートするという立場から本日はお話をさせていただきたいなと思っております。よろしくお願いします。

【長沢】 ありがとうございました。普通日本人が欧米のラグジュアリーのジャパン社、つまり日本の販社に入社した場合、日本法人の社長か店長止まりのところを、高田代表はティファニーのアジア・パシフィックの本部長という、日本人では例外的にグローバルのエグゼクティブを務められた方と承知しております。

そうすると宝飾ブランドでのご経験を経て、現在は直接の宝飾ブランドではないけれどもそのサポートをされている、逆にいうと宝飾ブランドを広く見渡すことが可能なお立場だと思いますのでお訊きします。宝飾業界全般、コロナ禍でどんな感じでしょうか。

【高田】 はい、こちらもちょっとスライド（図表4-13）を用意させていただきました。

図表4-13　コロナ禍でのジュエリー＆ダイヤモンド業界

出所：高田　力（2021）同前、p.5

ジュエリーやダイヤモンドはどんな状況かというご質問ですけれども、比較的好調なところも、全部ではないですけれども、あるというのは聞いています。あとはですね、ダイヤモンドに関していうと、昨年の4月から6月は取引が一時的にストップしてしまったということはあるのですけれども、値段に関しては年末にかけて需要が戻ってきたのでキャッチアップして、コロナ前の水準にまで値段は戻ったというのは聞いています。大きな要因として2ついわれていたのは、やっぱりダイヤモンドに関してはブライダルエンゲージメント、このカテゴリーが、やっぱりハネムーンとか挙式が大きくはできなくても、エンゲージメントリングはしっかり買おうというような需要が戻ったということ。もう一つは、コロナから早く脱却することができた中国を中心に富裕層の購入というのが戻っているというようなことは聞いております。そんな状況です。

【長沢】 ありがとうございました。

では、衣・食・住の食。食といっても「食べる」というよりは「飲む」かも知れませんが、勝沼醸造の有賀社長から自己紹介と会社紹介、製品紹介をお願いいたします。

【有賀】 勝沼醸造の有賀です（図表4-14）。山梨県の勝沼町で私の祖父が製糸業を営む傍らワイン造りを始めて、私が三代目になります。創業から数えますと84年目になりますが、日本でのワイン造りというのは非常に厳しいものがありました。といいますのは、今も酒類全体の中ではワインのシェアというのは4％程度なのですね。また、やっぱりワインというとどうしても海外産のものが中心になりますので、現在、だいたいワインマーケットでは市場の7割が輸入ワインという状況があります。

そんな中で、私どもは日本のぶどうで造るワイン、これは昨今日本のワイン法も変わって、日本で造られているワインのことを国内製造ワインという言い方をするのですが、その中で、日本のぶどうだけで造るものを日本ワインといいます。その日本ワインのシェアというのは国内製造ワインの中で何と2割しかないという状況なのですね。私どもでは国

図表4-14　勝沼醸造株式会社代表取締役社長　有賀雄二氏

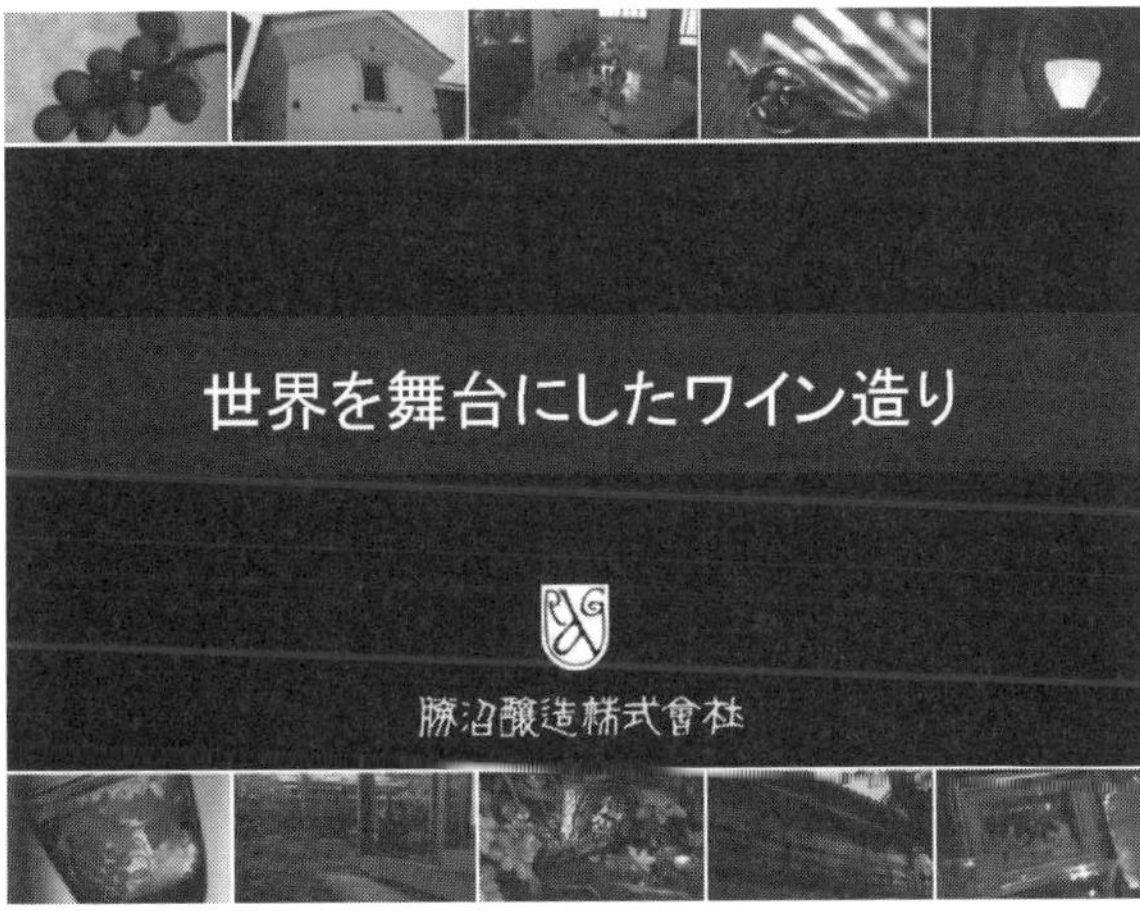
世界を舞台にしたワイン造り
勝沼醸造株式會社

出所：有賀雄二（2021）「早稲田大学総合研究機構2020年度研究成果報告会２日目『コロナ禍だからこそ永く使える価値ある製品、文化を創るブランドを目指せ』」資料、早稲田大学総合研究機構・ラグジュアリーブランディング研究所、p.1

有賀　雄二（あるが ゆうじ）

勝沼醸造株式会社代表取締役社長
1955年生まれ。東京農業大学農学部醸造学科卒業。1978年４月、勝沼醸造株式会社入社。1988年５月、専務取締役就任。1999年５月、代表取締役社長就任、現在に至る。山梨県ワイン酒造組合副会長。公益社団法人山梨法人会甲州支部長。勝沼ワイン協会会長。

図表４-15　日本固有の品種「甲州」

出所：有賀雄二（2021）同前、p.2

内のぶどうだけで造るワインだけを造っている会社です。こだわっていますのは、日本固有の品種です。

日本固有の品種である甲州（図表４-15）という品種にこだわっています。２００４年に私のファミリーネームのアルガという名前をつけた「アルガブランカ」（図表４-16）というブランドを発表して、販売も限定流通という独自の方法でやっております。

コロナ禍ですが、やっぱり非常に厳しい状況です。私どものワインというのはホテル、レストランでの需要が多いので、営業自粛の問題もあって非常に厳しいのですが、逆に家庭での家飲みの部分では非常に多くなっていまして、直販のほうは非常に好調です。また、

図表4-16　勝沼醸造「アルガブランカ」

出所：有賀雄二（2021）同前、p.3

今は緊急事態宣言があってワイナリーを訪れる方も非常に少なくなっていますが、ちょっと前まではですね、やっぱりワイン産地というのは地方にあって、密が避けられるということから、ワイナリーを訪れるお客様というのは非常に多かったですね。

【長沢】　ありがとうございました。

衣・食・住の住まいに関わる鎚起《ついき》銅器のご説明を含めて玉川堂《ぎょくせんどう》七代目の玉川社長からご紹介いただきたいと思います。

【玉川】　新潟県の燕三条で２００年前から銅器を製造しています、玉川堂の玉川と申します（**図表4-17**）。創業が１８１６年、私で七代目となり、２００年に

図表 4 -17　株式会社玉川堂七代目・代表取締役社長　玉川基行氏

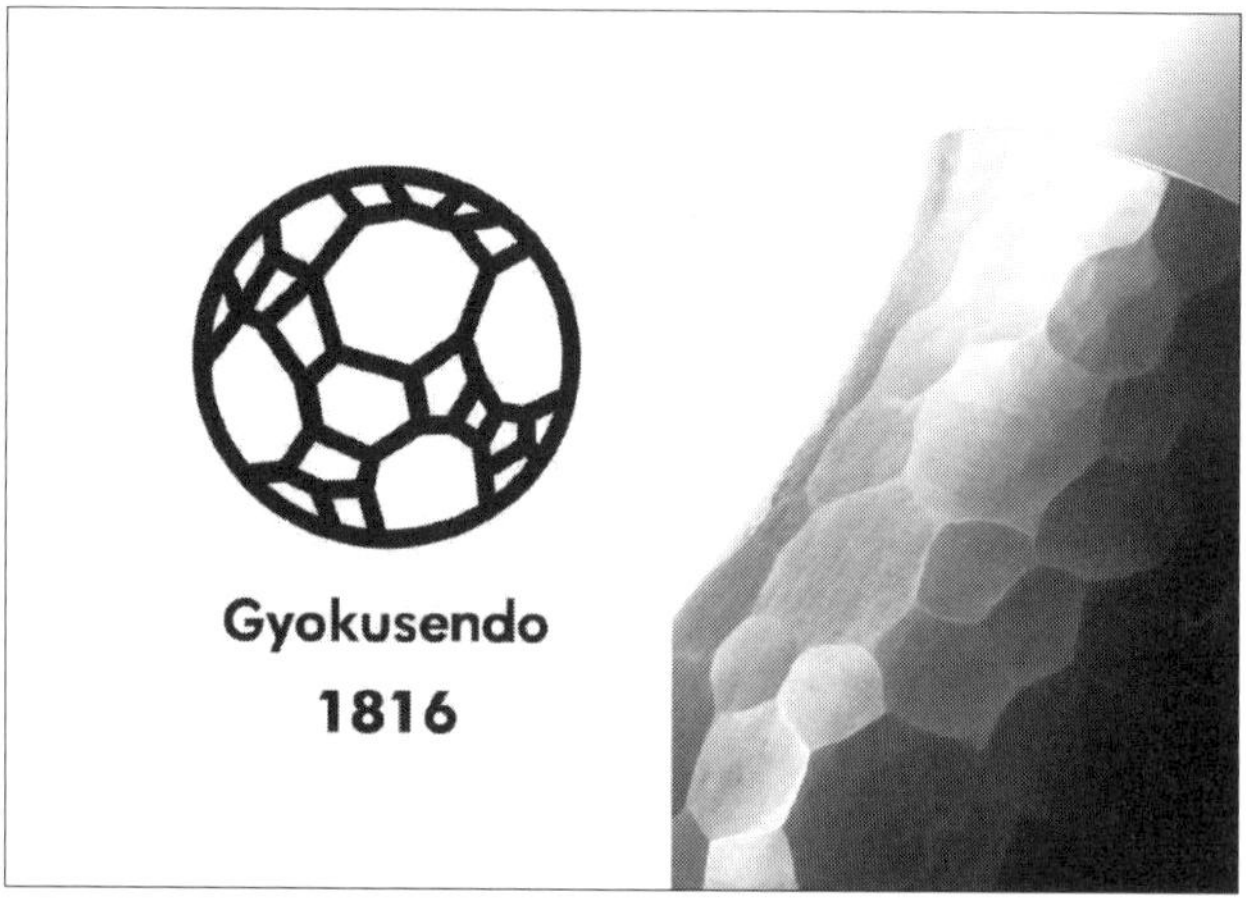

出所：玉川基行（2021）「早稲田大学総合研究機構2020年度研究成果報告会 2 日目『コロナ禍だからこそ永く使える価値ある製品、文化を創るブランドを目指せ』」資料、早稲田大学総合研究機構・ラグジュアリーブランディング研究所、p.1

玉川　基行（たまがわ もとゆき）
玉川堂 七代目 代表取締役社長
1970年生まれ。1993年、玉川堂入社。2003年、玉川堂代表取締役社長就任、現在に至る。200年に及ぶ父祖の業を継承。地場産業として国内唯一の鎚起銅器産地の発展のために努力。2008年、玉川堂の店舗・土蔵・鍛金場・雁木を、国の登録有形文化財（建造物）に登録する。

わたって銅器製作一筋のファミリービジネスを展開しています。

玉川堂のコーポレートスローガンは「打つ。時を打つ。」といいます。玉川堂の銅器は長年のご使用により、色合いが深まり、光沢を増すことが特徴であることから、職人が「打つ」だけでなく、お客様も愛着を持って時を刻んでいただく、つまり「時を打つ」道具であってほしい、という思いが込められています。この玉川堂のロゴマークは大鎚目《おおつちめ》といいまして、金鎚で叩いた鎚目を表現しています。これ明治時代に開発された鎚目で、同じ箇所を何十回も何百回も叩いて大小の鎚目を組み合わせた、玉川堂を象徴する文様であり、さらに「打つ。時を打つ。」を見える化したロゴマークとなっております。

次は鎚起銅器の製作工程です（図表4-18）。一枚の銅板を叩き、伸ばすのではなくて、叩きながら縮めていきます。金属は叩くと伸びるイメージがありますが、叩きながら縮めていきます。一度叩くと銅は硬くなりますが、火炉で熱した後、水で急冷すると軟らかさが戻ります。鉄は熱いうちに打てといいますけれども、銅は冷めても軟らかさが持続するのです。

特に、玉川堂の真骨頂ともいえる鍛金技法を用いた銅器で「口打出《くちうちだし》」と呼ばれる湯沸や急須は、たった一枚の銅板から、職人が道具を用いて叩いて注ぎ口を打ち出し、継ぎ目な

図表4-18　鎚起《ついき》銅器の製作工程

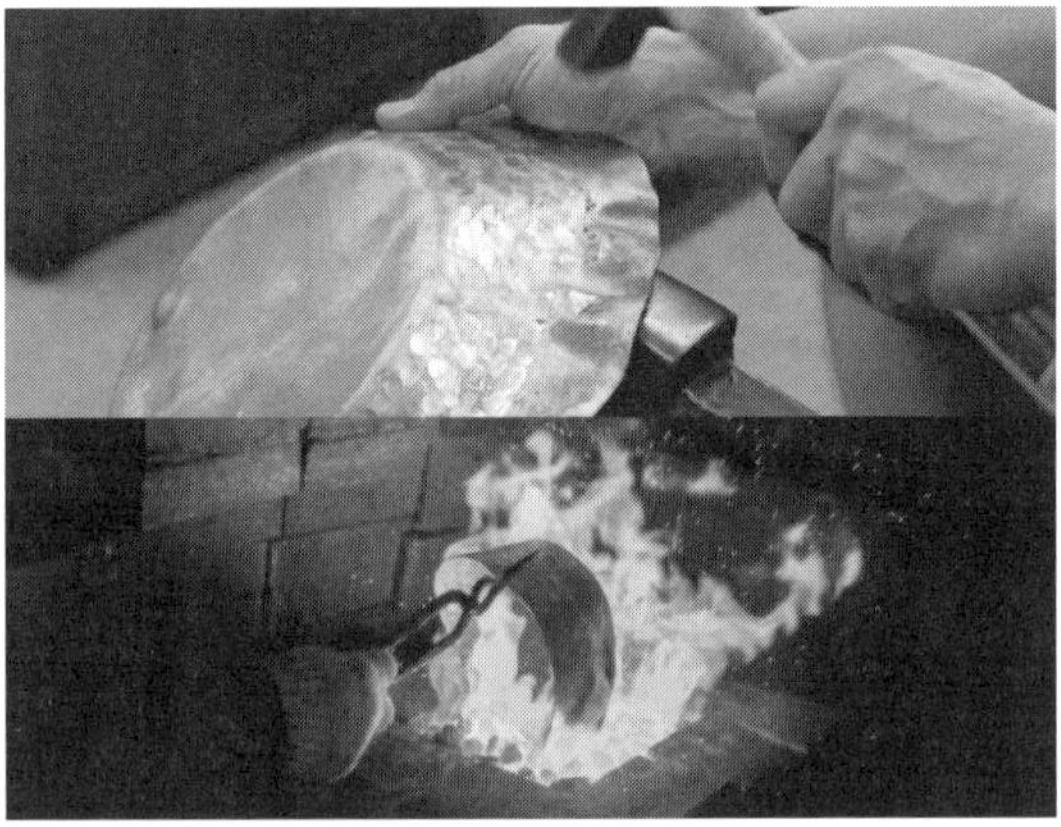

出所：玉川基行（2021）同前、p.2

く作られます（図表4-19）。

最近のヒット作は、こちらのコーヒーポットです（図表4-20）。コーヒーが趣味の職人が開発しました。持ちやすさ、絶妙なお湯の出具合、液だれしないなど、機能性が抜群なのです。商品開発は趣味と直結するもので、いかにその道具を使用する行為を深く追求するかが、商品の機能性に形として現れ、それが結果として優れたデザイン性につながります。デザインとは機能性を高めることによって必然的に美しくなるものであり、これがデザインの本質です。

このように、使い勝手を重視したユーザー目線のものづくりを大切にしており、お茶やお酒の文化に寄り添い、100年後も代々愛

図表4-19　玉川堂「口打出《くちうちだし》」湯沸

出所：玉川基行（2021）同前、p.3

図表4-20　玉川堂製コーヒーポット

出所：玉川基行（2021）同前、p.4

着を持って受け継がれる道具の開発を行っています。コーヒーポットの価格は15万円からですが、このような道具を持つことで、コーヒーのひとときが至福の時間になります。コーヒー好きの方にはぜひご使用していただきたいと思っています。

【長沢】その15万円のコーヒーポットはどんな人が買うのでしょうか。

【玉川】玉川堂製品をご購入くださるお客様には、生活全般にこだわりを持ち、良いものを揃えたいという方が多くいらっしゃいますが、コーヒーポットは、とにかくコーヒーが好きだという愛好家の方が購入されるケースが多いですね。コーヒーの世界も奥深いもので、こだわればどれだけでも世界が広がります。たとえば、20代、30代の方でも、こういった世界に魅了されたコーヒーのマニアの方が一目で惚れたと言って購入されることもよくあります。職人の細部へのこだわりが、本当に好きな方にはわかるのですね。

【長沢】コロナの影響はどうでしょうか。

【玉川】20年前から海外進出を積極的に行い、ようやく外国人売上が約半分になった矢先でしたので、やはり影響は出ています。ただ、燕本店の工場見学の来客組数は2年前の秋と比較し、昨年の秋は1・5倍ほどに増えました。マイクロツーリズムの影響もあって、新潟県内の方のご来店が増えていると感じています。このコロナ禍においては、新潟県内の地場産業との連携を深めていて、アフターコロナを見据え、新潟県内で魅力的な産業観光のコンテンツを構築していく絶好の機会になっています。

【長沢】 はい、ありがとうございました。コロナ禍で厳しい状況に直面する企業が多いなか、高価格のものは売れないと思っている方が多いのではないでしょうか。しかし、そんなことはない。高価格でも価値ある製品、技術力と理念、実行力を持つブランドの力強さを感じられました。

価値ある高価格な製品を売るための販促戦略と流通戦略

【長沢】 それでは一通りご紹介いただきましたので、パネルディスカッションの実質に入っていきたいと思います。

私の基調講演で、ラグジュアリーは普通のマーケティングのセオリーや定石とは違うのだと申しました。すなわち、卓越した品質、こだわりの商品を作って、高い価格で売る。特に高いというのをどうお考えなのか。それと、流通は広くではなくて、むしろ限定チャネル、限定流通で、あまり広告宣伝しないで売るわけです。特にリシャール・ミルは日経新聞でも、全面広告をしても時計の広告には見えない、「宮里優作選手、優勝おめでとうございます」なんていう広告をやっていますので、その辺りの広告も含めて、プロダクト（製品）とプライス（価格）と、プレイス（流通）とプロモーション（販促）と、頭文字を採って「4P」と呼ばれます。この4Pのどこに特徴があるのか。全部が特徴だというなら全部でも結構ですが。ちょうど今お話を出したので、川崎社長、リシャール・ミルの高い時計の特徴は。

【川崎】 はい。本当は長くなってしまうのですけれども、はしょります。まずリシャール・ミルの時計は高いといわれるのですけれども、基本的に「高い」という言葉を僕らは使わないんですね。リシャール・ミルが情熱を込めて、自分が一番理想とするものを、素材を全部集めて作ったらこの値段になっちゃったと言います。ですから、すごく簡単なのです。それを皆様にご提案をすると。それも先ほど言いましたように、業界に持っていったら総スカン食らいまして、「何を言っているのだ?」、「君は時計を知ってるのか?」という形でした。私も売るということを考えるのは本当にやめようと思いました。

それで、具体的にはどういうことをやったかというと、広告はちょっと私のこだわりな

図表4-21　リシャール・ミルの広告例

出所：川﨑圭太（2021）同前、p.3

のですが、広告宣伝を日経新聞とか、いわゆる雑誌の純広告をこうやって出させていただいているのですけれども、基本的には売れない商品を出しています（図表4-21）。

最初それを言っていたら、やっぱり雑誌社から「何を考えているのですか？」と言われました。「いや、売れる商品を出しても馬鹿にされるだけなので、売れない商品を出したほうがいいのですよ」と。なぜかというと、やっぱり高くても買ってくれたお客様がいるのですね。私ども本当の最大の戦略は、もうお客様を味方につけるしかない。買ってくれたお客様が次のお客様にいいよと言ってくれるのを誘うしかないというふうに原点に帰りました。だったら広告もその買えない、この一本の広告を何千万人に出してはいるけれども、喜ぶのは買ったお客様のみと。それを常にずっとやり続けてきました。これが僕のこだわりなのですね。

結果的に商品が少ないということもありますので、あまりこの広告を出したから売れるというふうなことを考えずに。ですから、よく広告宣伝費用対効果が悪いとかいわれるのですけれども、まったくうちはそういうことを意識しませんでした。

先ほどの宮里優作選手の広告もそうですけれども、やっぱりイメージとか印象とかブランドとか、そういう、「あ、そういうことをやってるんだ」というところから入っていかないとこの商品は売れないなということがわかってきて、そうしたらやっとお客様が支持をしてくれました。そのお客様の輪を広げるということが、これ私どもの戦略のすべてです。そんなところです、こだわりというのは。

【長沢】ありがとうございます。広告するにしても、もう売るための広告ではないということですね。

【川﨑】そうです。

【長沢】そこからして普通のマーケティングと違うと思うのですが、これは高田代表に訊いてみようかな。やっぱり宝飾ブランド全般に広告はしていると思うのですが、売るための広告ではなく、売る気のない広告、つまりイメージ広告が中心でしょうか。

【高田】 そうですね、いや、まさにそのとおりで、売ることよりコミュニケーションが主目的の広告だと思います。ただリシャール・ミルのようなエクストリームな値段で売るようなものとはやっぱりちょっと少し異なるかも知れないですね。

【長沢】 そうですか。アルルナータの寺西代表は積極的に広告をしているとは思えませんけれども、広告に関してはどうでしょうか。

【寺西】 そうですね、洋服ということを考えますと、弊社の作品もかなり高額な部類に入ってくるとは思いますし、まだまだ会社として3年目ということもありまして、大量生産してより多くの人に発信するということではなく、一つひとつ丁寧に作っていって、口コミで広がっていけばいいのかなという、そういう考えでやっております。

【長沢】 ただ純広告ではなくても、パブリシティですね、ファッション雑誌にはずいぶん取り上げられましたね。それは広告に代わるものとして強力だったのではないでしょうか。

【寺西】 そうですね、純粋にお金を出して広告をするということは今のところまだやってはいません。ただ関心をもって取り上げていただくということはおかげさまで何度かいただいております。

【長沢】 はい、ありがとうございます。有賀社長のアルガブランカというワインはＪＡＬのファーストクラスで提供されるというのをずいぶん聞きました。あと、国際ワインコンクール銀賞をとられたという、そういうのが広告効果になった、つまり純粋広告ではないのだけれど、そういったことが効いたのでしょうか。

【有賀】 そうですね、やっぱり永い間私たちの日本ワインというのは国際商品ではなかったのですね。しかし、海外のワインを見ますと、自国だけで消費されているワインってないわけで、ワインには初めから国際商品という特性があったと思うのですね。私どもは早くから世界に通ずる品質のものを造ろうということで、躍起になってやっていたのですが、それが２００３年に日本のワインとしては初めて世界のワインコンクールで入賞することができて、日本固有の品種でも世界に通ずるワインができるんだということで、それがすごく自信になって、新しいブランドにつながっていったわけですね。

それを、国際線のビジネスクラス、あるいはファーストクラスに特にＪＡＬさんが最初に乗せてくださって、昨今ではＡＮＡさんもファーストクラスに乗せてくださるとか、そ

図表 4 -22　ボルドーのワイン王、ベルナール・マグレ［Bernard Magrez］氏と有賀雄二社長

出所：有賀雄二（2021）同前、p.4

ういったことが起きて、だんだんだんだんそれが消費者の中に広がって今のような形になったのだと思います。

【長沢】　その国際コンクールで銀賞を受賞して、ボルドーのマグレさんが…。

【有賀】　ベルナール・マグレ［Bernard Magrez］さんね。この写真（図表 4－22）の人です。

ボルドーのグラブにシャトー・パプ・クレマン［Château Pape Clément］というワイナリーがあるのですが、そこの方が突然私どものワイナリーにお越しくださって、一緒にワインビジネスをしましょうということをおっしゃってくださって、驚きました。今はアメリカにオーパスワン

［Opus One Winery］という有名なワインがあるのですが、これはアメリカのロバート・モンダヴィ［Robert Mondavi］さんとフランスのムートン・ロートシルト［Mouton Rothchild］との合弁で造っているブランドなのです。私どもは、やっぱり同じフランスのベルナール・マグレさんと私どもアルガで一緒に作っているブランドがあるのですね。マグレアルガ甲州というブランドで、今フランスに輸出しています。

まさかフランスの有名シャトーが日本のワインを世界に販売してくれるなんていうことは、到底夢のような話ですよね。また、びっくりしたのは、そのオーナーから、「君はワインの価値を知らない」と言われました。私がワインに付けている値段が安過ぎるとおっしゃるのですね。「価値とコストは違うよ」と、「君はワインの価値を知らないんじゃないか」というふうなご指摘をいただいたことがあります。目からウロコが落ちました。非常にうれしい出来事でしたね。

【長沢】 ありがとうございます。ちなみに、そのボルドーのマグレさんというのは有名なワイン王です。ボルドーに三十いくつ、ご自分でシャトーを持っているにもかかわらず、有賀さんと一緒に組むというのは異例な、ものすごいことだと理解しております。

【有賀】 ありがとうございます。

【長沢】 そのマグレさんから「価値とコストは違う」と有賀社長が言われたとのことですが、私も目からウロコが落ちました。

では、順番で最後になってしまいましたが玉川社長、いかがでしょうか。今まで聞いたパネリストの方々からは、どうやら販促（プロモーション）戦略がユニークなように思われますが、玉川堂の４Ｐの特徴をご説明お願いいたします。

【玉川】 私が入社したのは25年前で、地元の問屋に卸すビジネスでしたが、会社が倒産寸前だったため、私は大学卒業後にすぐ玉川堂に入社しました。いろいろ対策を考えた末、私はまず流通を変えていくことが、会社再生の第一歩と思い、抜本的な流通改革を断行したのです。当時は地元問屋から百貨店問屋へ、さらにそこから百貨店へ商品が卸されていました。自分たちが作っている製品の価格決定権がなく、どこで販売されているかもわからない状態だったのですね。新商品も何を作っていいかわからない。お客様の声がさっぱり聞こえていない状態だったのです。

お客様の声を聴くには、間に入っている問屋を外さなければならない。これは地場産業に生きる企業としては、かなりアウトローなやり方です。地場産業の商売道徳として、地場で生産した製品は、地場の問屋に卸すことが文化として根づいているのです。ただ、このまま問屋へ卸したら、私の代で玉川堂は間違いなく途絶えてしまう。これだけは絶対に避けたいと、思い切って問屋ルートを廃止する決断をしました。その後、アポなしで全国の百貨店を回り、直接取引を依頼し、職人を引き連れ、実演販売会も開始しました。お客様と直接ふれあい、その声を受けて新たな商品や文様も生まれました。玉川堂の技術が、ようやくお客様の生活の中で生き生きと活かされることを、職人も営業も実感したのです。

それから10年ほど経ち、今度は百貨店へ卸すのではなく、「私たちが作った銅器を、私たちのお店で、私たちが丁寧に販売する」というコンセプトのもと、直営店の開業を目指しました。ブランディングとは流通経路の短縮であると考え、その短縮のあり方をより丁寧で心の通ったものにしていきたいと思ったのです。２０１４年に東京の青山で路面店を開業させ、２０１７年には銀座シックスにて銀座店を開業しました。

こちらの画像ですが、銀座シックスの店舗内装です（図表4-23）。1メートル×40センチの銅板を約４００枚叩いて組み合わせた内装です。10年前の総売上のうち、百貨店の売上は約70%を占めていましたが、今では1%です。残りの99%は直営店と海外売上となっており、お客様との距離を縮めていこうと流通形態を変革させた結果、売上構成も大きく変化しました。ブランディングで重要となるのは、お客様との親和性を深めていくことで

図表4-23　玉川堂銀座シックス店

出所．玉川基行（2021）同前、p.4

す。玉川堂のスタッフが直接お客様へ銅器をお渡しすることが、製品に愛着を持ってご使用いただくことにつながります。流通経路を短縮させ、さらなる高付加価値の追求、そして高価格への挑戦というビジネスのあり方が、今、地場産業に求められていることであると考えています。

【長沢】　ありがとうございました。流通経路の短縮、特に直営店ということですが、やはり直営店、そうでなくても準ずる特約店というのが条件で、それが高めの価格と裏表というか、セットになるということですね。

【玉川】　そうですね、ものづくりのあり方として、自分たちで作った製品は自分たちで売るという直販体制が、ものづくりの本質であると思いますし、流通経路を短縮させる事業も、重要なものづくりの一環です。ものづくりの会社が自ら販売していく体制を構築していくことが、これからの地場産業のあり方、伝統工芸のあり方であると思います。

【長沢】 はい。玉川社長から、「ブランディングとは流通経路の短縮」だ、だから流通戦略が重要とのことでした。

では高田代表と川崎社長にお訊きします。宝飾、時計業界ではやはり直営店もしくは特約店だというふうに言っていいのでしょうか。

【川﨑】 今、玉川堂さんの話は本当に同感です。まさにもう直《ちょく》、お客様一人ひとりと直接やりとりするということがものすごく大事ということに気がついたのですね。先ほども言いましたように、私、本当に時計業界に持って行ったら総スカン食らいましたから。だから当てにはしませんでした。彼らの尺度で判断されてしまうので。お客様の尺度で判断をしてくれて、そこに価値があってお客さんが値段を決める。だから高いということを言わないというのは、お客様がいいと思って買えばもうそれはそれでその値段なのですよね。でも業界から高いとか言われちゃうと困っちゃったなということで、本当にすごく同感で、感動しました。まったく同じです。

【長沢】 高田代表、しきりにうなずいていますが。

【高田】 はい、私も同感ですね。やっぱり直営店で展開することによって、そのブランドの世界観というのをしっかりお客様に伝えることができるのですね。だからそういった意味で、価格をコントロールされないということもありますし、本当にブランドとしてのやっぱり何年続いてきたとか、そういった想いをきっちりお客さんに伝えるということができるというのは、まさにそのとおりだと思っています。

【長沢】 アルルナータの寺西代表も、先ほど展示会で売るとのことでした。やっぱりお客様に直接というところが大事だということでしょうか。

【寺西】 そうですね、弊社も同じような考えです。やはり洋服業界、ファッション業界は特に卸をするというのがまだまだ当たり前のような、常識のような世界です。洋服を作り始めたという話をすると皆さんにまず訊かれるのが、「どこに卸しているの?」ということ。それぐらいどこかに卸すということが常識になっているのです。けれども、われわれの作っているものの稀少価値だったりとか、着物なんかですとこの現代において糸作りまで拘って手仕事で行っているその意義などは、丁寧に説明をしないと、なかなかその価値が伝わりにくいのです。そういうこともありまして、間に誰かを挟むということが必要なのかなというところから、今も卸というものはあまり考えないようにしています。そして、直接自分たちの言葉で説明しながら販売していくということを主軸に置いてやっております。

【長沢】　そうするとですね、やはり卸よりは直接、直営店でということになります。これに対して、勝沼醸造の有賀社長は特約店制度を採っていますので、その経緯あるいはお考えをちょっとお聞かせいただければ。

【有賀】　私どもが特約店制度をとっていますのは、きっかけがありました。２００４年に私ども新しいブランドを発表するのですが、その折に大阪の酒販店の方が私どものワイナリーにお越しくださってですね、この方が、「有賀さんは品質の高い良いワインを造ることだけを考えてください。私たちが売ります」ということを言われたのですね。その方は今も国産、日本ワインは弊社のものしか扱っていません。

その方に特約店制度のあり方を気づかされました。つまり、私どももできれば日本一のブランドにしたいのですけれども、それを進めていくうえでは、やっぱり伝道師といいますかね、私どものワイン造りに対する考え方や想いを商品と一緒にお客様に伝えてくださる方がパートナーとして一緒にいないとなかなか難しいということを気づかされました（図表４－24）。

図表4-24　勝沼醸造の特約店制度

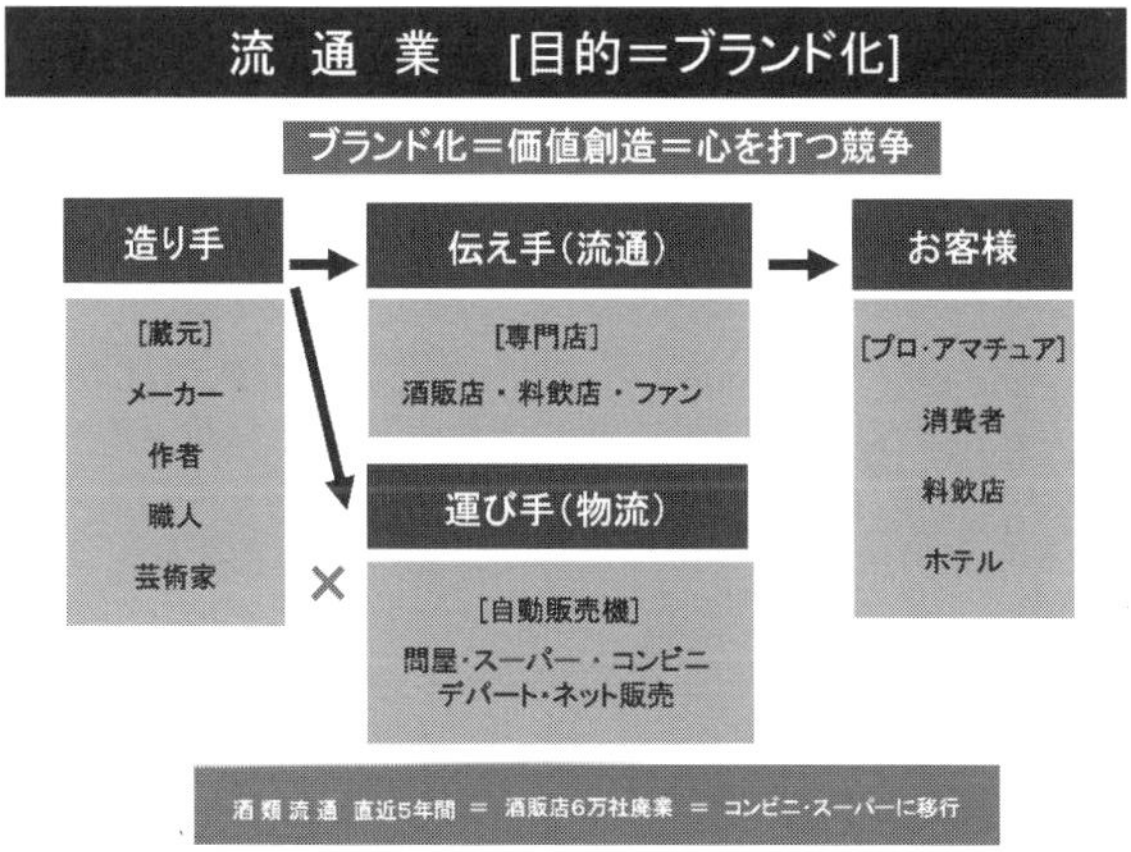

出所：長沢伸也編（2019）、第1章「勝沼醸造株式会社」、『地場ものづくりブランドの感性マーケティング』所収、同友館、p.33、資料14「限定流通制度」

このようなわけで始めた特約店制度というのは、私ども現在全国に１４０社あるのですけれども、その１４０社の方々というのは私どもの営業マンとまったく一緒なのですね。それまでは酒販店というのは弊社にとって弊社製品を仕入れていただくお客様ですから、お邪魔すればこちらが食事を奢ったり、そういったことがあったのですけれども、今はまったく逆で、本当に造り手と伝え手という関係です。この関係というのは、その大阪の特約店さんに教えていただいた関係ですね。したがって、皆さんがおっしゃる直売ということにイコールだと思うのですね。私どもも、流通はたとえば量販店ですとか、コンビニですとか、あるいは問屋さんですか、こういったところはちょっと距離を置いているのが現状です。

【長沢】　はい、ありがとうございます。「生産者と小売店は、造り手と伝え手という関係」とはめったに聞きませんが、頼もしいですね。そういう「商人魂《あきんど》」のある小売店なら、生産者の想いを消費者に伝えてもらえるに違いありません。しかし、何となく売って現金に換金しているだけ、と言っては失礼ですが、そうでない小売店の数や規模だけ増やしても、生産者の想いを消費者に伝えることはあまり期待できないと思われます。

そうすると、私が4Pで区切って考えて、といって切り出しましたものの結局は、4Pがばらばらではなく、しかも従来のマスマーケティングとは正反対の4Pをミックスして打ち出す必要があるようです。

特に、どうやら皆さん一致して、高い価格のこだわりの製品を売るには、やはり卸ではだめで、直営店、直販、もしくは特約店にしてもその想いを共有した特約店が、つくり手の代理として売らなきゃ駄目だ。広告にしても、「売らんかな」の広告ではなく、「売る気の無い広告」つまりイメージ広告か、そもそも純広告をせずにパブリシティと口コミ中心ということで、どうやら話が落ち着きそうですね。これに関しては、「ラグジュアリー戦略」

そのものである、と一言追加いたしたく思います。

日本発ラグジュアリーの可能性

ここで、ちょっと資料の共有をさせていただきます。チャットでの質問で、日本発のラグジュアリーブランドは難しいのではないかという意見ももらっています。リシャール・ミルはスイスのブランドではありますが、ジャパン社は川﨑社長が立ち上げたようなものでありますからそれも含めて、日本発ラグジュアリーブランドの可能性がありそうなブランドを挙げてみます（図表4-25）。

ミキモト［Mikimoto］はもうラグジュアリーブランドといっていいと思います。あとグランドセイコー［Grand Seiko］も仲間入り、レクサス［Lexus］も仲間入り、あと可能性があるのはニコン［Nikon］の高級カメラと資生堂クレ・ド・ポー ボーテ［Clé de Peau Beauté］、それと本日お招きしているような地場伝統ものづくり企業ではないかと思います。

図表 4-25　日本発ラグジュアリーブランドの可能性

・ミキモト
・グランドセイコー
・レクサス
・ニコンの高級カメラ
・資生堂「クレ・ド・ポー　ボーテ」
・地場伝統ものづくり企業

価値に見合った価格になっているか？
・グランドセイコーおよびプレザージュ　漆ダイヤルの時計
・セイコーウオッチ「クレドール」および「プレザージュ」有田焼ダイヤルの時計
・シチズン「カンパノラ」　漆ダイヤルの時計
・パイロット　京蒔絵ボディの万年筆

出所：早稲田大学ラグジュアリーブランディング研究所（2021）前掲資料、p.7

だけれども、問題もあります。たとえば、グランドセイコーではなく、セイコーウオッチ［Seiko Watch］のプレザージュ［Presage］という機械式時計ブランドに、漆ダイヤルのモデルがあります。これがまた、アルガブランカで有賀社長がマグレさんに言われた、「君はワインの価値がわかっていない」というのとよく似ています。このプレザージュは私も喜んで10万円の漆黒のダイヤルのモデルを買いましたが、セイコーウオッチの開発部長に聞くと、皆さんに安過ぎるといわれるそうです。特に、ヨーロッパの人には「価格が1桁安過ぎる」と言われているというのですね。私は、それを聞いて、日本の漆を使ったのに安く売っているのはけっして褒められることではなく、むしろ日本文化への冒涜ではないかと、そういう懸念があります。あるいはプレザージュには他にも有田焼のダイヤルがあります。これは20万円ぐらいなのですが、やはり安過ぎる。あとシチズンのカンパノラの漆ダイヤルとか、パイロット万年筆の蒔絵《まきえ》ボディの万年筆なんかもあってですね、それぞれすばらしいのですが、何かちょっと安過ぎるのではないか。価値に見合っていないのではないか。

あと、私が気になっているのは、欧米のラグジュアリーブランドが結構、日本の地場伝統産業とコラボをしていることです（図表4-26）。

エルメス［Hermès］が京唐紙の唐長と手帳でコラボしたり、シャンパンのクリュッグ［Krug］が玉川堂とワインクーラーでコラボしたり、あとグッチ［Gucci］が天正10年、1582年創業の印傳屋上原勇七と鹿革印傳のバンブーバッグというコラボをしていますし、あるいは同じ印傳屋さんは、ティファニー［Tiffany & Co.］ともウォレット（札入れ）などでコラボしている。あとルイ・ヴィトンが加賀蒔絵（漆器の表面に金粉・銀粉などで絵模様を付ける工芸技法）とコラボしている。あと、蒔絵という意味では、時計のヴァシュロン・コンスタンタン［Vacheron Constantin］が京蒔絵の象彦《ぞうひこ》とコラボしているのです

図表4-26　欧米ラグジュアリーブランドと地場伝統ものづくり企業とのコラボ

・エルメス×400年の唐長→手帳でコラボ　5年ほど前、祇園の特設店舗で販売
・クリュッグ×200年の玉川堂→ワインクーラーでコラボ　5年ほど前
・グッチ×440年の印傳屋上原勇七→鹿革印伝のバンブーバッグ　5年ほど前
・ティファニー×440年の印傳屋上原勇七→財布や名刺入れ、定期入れでコラボ　10年ほど前
・ルイ・ヴィトン×加賀蒔絵→長財布でコラボ　東日本大震災後
・ヴァシュロン・コンスタンタン×360年の象彦→京蒔絵ダイヤルの時計「メティエダール・デ・サンボリック・デ・ラックシリーズ」(2010-2012)　3本組5,000万円
・コラボではないが、エルメスの「年間テーマ」が1980年代「京都」：エルメスの職人が大挙して京都の伝統工芸の工房で体験した（長沢伸也編著『老舗ブランド企業の経験価値創造―顧客との出会いのデザイン マネジメント―』同友館、2006年)。

出所：早稲田大学ラグジュアリーブランディング研究所（2021）前掲資料、p.8

ね。その限定品「メティエダール・デ・サンボリック・デ・ラック［Metier d'Art La Symbolique de Lac］」は3本組５０００万円だから、１本１７００万円。お試し価格なんて言っている場合ではない。あと、エルメスの商品ではないのですが、80年代、京都がエルメスの年間テーマになって、エルメスの鞍《くら》や鞄《かばん》の職人が大挙して京都の伝統工芸の工房で体験したとのことです。

　そう考えると、欧米のラグジュアリーブランドとコラボするということは、対等、あるいは同格の

図表4-27　玉川堂とクリュッグのコラボレーション「シャンパンクーラー」

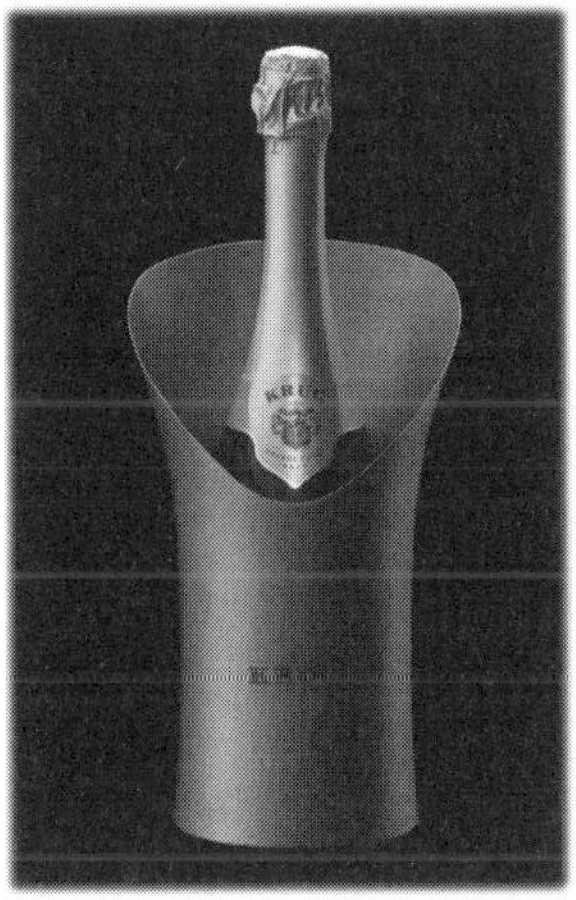

原出所：MHD モエ ヘネシー ディアジオ（株）
出所：長沢伸也編（2020）、第1章「株式会社玉川堂」、『老舗ものづくり企業のブランディング』所収、同友館、p.25、写真11「KLUGのシャンパンクーラー」

相手だと見なされたということですよね。それで、ちょうど玉川堂、玉川社長がいらっしゃいますので、この辺をクリュッグさんと対等にやったかどうかというお話をお聞かせいただければありがたく思います。

【玉川】　ちょうど10年前、2011年のことです。シャンパンのトップブランドのクリュッグとコラボレーションで、シャンパンクーラーを発表しました。シャンパンが着物を着ているようなデザインであり、フランスと日本の文化を融合したシャンパンクーラー

図表4-28　玉川堂の職人

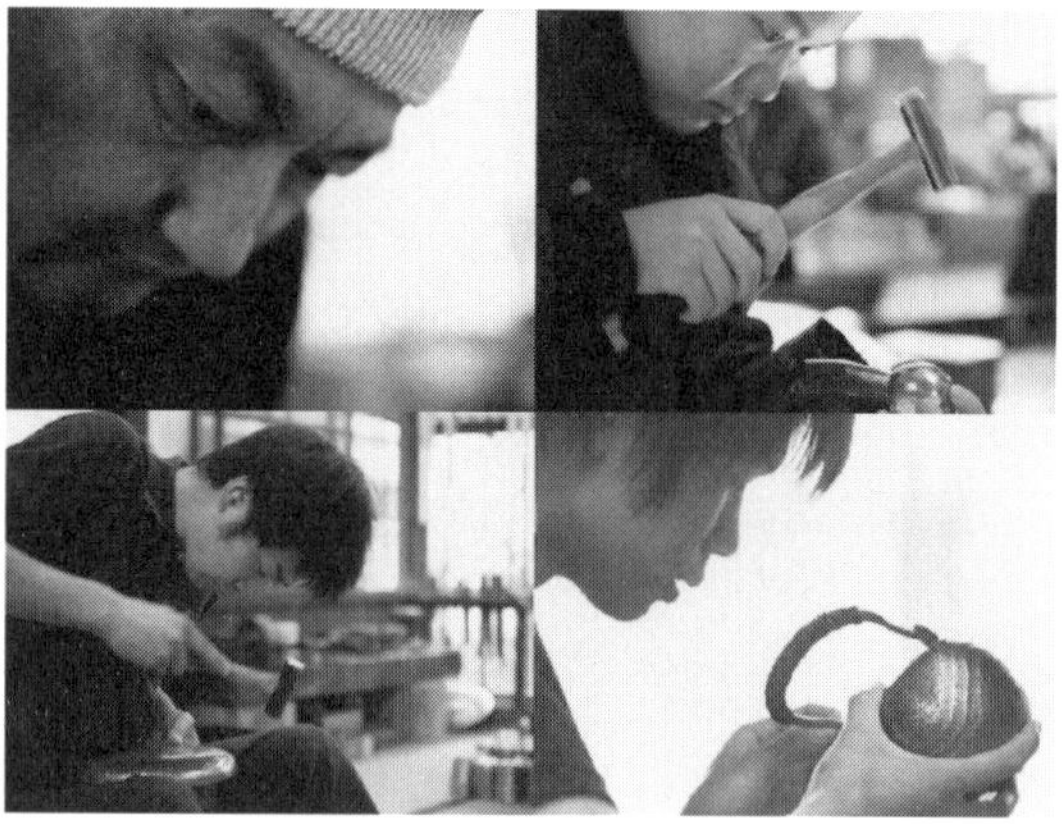

出所：玉川基行（2021）同前、p.5

です（図表4-27）。

取材は燕本店で行いまして、クリュッグ六代目のオリヴィエさんがご来社されました。その際、玉川堂の工場見学をして、職人が一生懸命、ひたすら銅器を叩いている姿（図表4-28）に、涙を流されて感動されていましたのです。そして半年後、今度は私がシャンパーニュ地方のクリュッグの本社を訪問しました。ぶどう畑が一面に広がる風景のなか、一生懸命作業しているクリュッグの職人たちの姿に、今度は私が涙が出るほど感動しました。私が生まれてから今まで当たり前に見ているものづくりの日常に、涙とともにこれだけ感じ入る方がいたことに驚き、さらに私自身が他国のものづくりの現場で、同様に深い

図表 4 -29　玉川堂の工場

出所：玉川基行（2021）同前、p.6

感動に包まれたという経験は、大きな気づきをもたらしました。それは、職人が一生懸命ものづくりをしている姿、そのものを見せることが、これからの地場産業のあり方であるという確信です。ものづくりの姿を見ることで、お客様は高価格でも納得され、さらにはお客様の製品への愛着も深まります。

私は、燕三条を国際産業観光都市にするというビジョンをもっています。燕三条は世界的な金属加工産地ですが、金属加工の工場を観光資源として、世界中の方々から燕三条へお越しいただきたいと。工場（図表 4 - 29）の匂いとか、叩く音とか、金属を熱する熱とか、職人の息遣いとか、そういったものづくりを五感で感じていただくことは、職人の地位向上や励みにもつながっていきます。

【長沢】ありがとうございました。その場所を見ていただくという意味では、ワイナリーツアーをやっていらっしゃる有賀社長、いかがでしょうか。

【有賀】まったく同感ですね、はい。やっぱり、ものづくりや、ものの裏側にある背景を知っていただくということはすごく大事なことだと思いますね。ワインというのは実はその土地とそこに携わる人に価値を付ける事業なので、その作られている人に会ったり、その土地に触れたりするとですね、そのものに対する想いが全然変わると思うのですね。これからはやっぱりそういう、その検証できるもののほうが価値を生むのではないかなと思いますね。

【長沢】なるほど、ありがとうございます。これから土地とか人物の話に行きたいのですが、ものづくりやものの裏側にある背景が大事ということになります。私が今一つだと挙げた例では、背景抜きに「もの」だけを見せているから高くならない、検証できる背景を見せていないからラグジュアリーに届かないのではないかと思い至りました。

ものづくりの土地や人物に価値があるのでアピールする

【長沢】 それでは、ものやものづくりの背景としての土地をアピールする、あるいは人物をアピールするというあたりは宝飾ブランドではどういうふうにとらえていらっしゃるのでしょうか。

【高田】 そうですね、土地をアピールするという意味ではすべてのブランドはその創業地というのをすごく大事にしていますよね。ちょっとスライド（掲載省略）をシェアさせていただきたいのですけれども、まずラグジュアリー・ジュエリーブランドというのは何かというところからです。ラグソディック（LUXATIC）というサイトにトップ10のグローバルラグジュアリーブランドというものがあったので、こちらについてお話をさせていただければなと思います。そこではトップ10ブランドとして、ブルガリ［Bulgari］、カルティエ［Cartier］、ハリー・ウィンストン［Harry Winston］、ショパール［Chopard］、ヴァンクリーフ&アーペル［Van Cleef & Arpels］、ティファニー［Tiffany & Co.］、ミキモト［Mikimoto］、グラフ［Graff］、デイビッド・ユーマン［David Yurman］、エルメス［Hermès］

が挙げられています。

その中でも、これ（掲載省略）を見ていただいても、たとえばミキモトでいうと、その後に銀座に進出はしているのですけれども、御木本幸吉翁が三重県のほうで真珠の養殖に成功したとか、今でもあちらのほうに彼が住んでいた家なんていうのがあったりするのですね、鳥羽の方に。あるいは、ティファニーに関しては、チャールズ・ルイス・ティファニー［Charles Lewis Tiffany］がニューヨークに開いた店舗から始まったと、これはもう本当に全部ウェブサイトにもしっかりと載せているのです。こういった聖地へのこだわりというのは、どこのブランドでも非常に持っていますね。

【長沢】 ありがとうございました。ちょっと私もスライドを共有します。ちなみにさっきの日本のラグジュアリーブランドという話で、たとえばパリのヴァンドーム広場［Place Vendôme］ですけれども、このちょうど奥のほうにミキモトのヴァンドームブティックがあります（図表4-30）。これは高田代表は関与されたことはあるのですか。

【高田】 関与したことはないですけれど、もちろん当時働いていた時に何度か行ったことはあります、仕事で。フランスの宝飾ブランドに遜色ない素敵なブティックです。

【長沢】 あと、このちょうど反対側の角にはグランドセイコーのブティックがあります。

図表4-30　ヴァンドーム広場［Place Vendôme］にあるミキモト［Mikimoto］のブティック

撮影：長沢伸也
出所：早稲田大学ラグジュアリーブランディング研究所（2021）前掲資料、p.9

２０２０年の6月にオープンいたしました。私はジュエラーや時計ブランドでラグジュアリーといえる条件はヴァンドーム広場にブティックを持つことだと思っています。ですので、これでミキモトとグランドセイコーはラグジュアリーブランドといえると思います。特にグランドセイコーは隈研吾さんが内装を手掛けていて、中はこのように竹を使った非常に和風テイストで日本を強調したインテリアになっております（図表4-31）。

それで、ちょっとここからパワポが多過ぎるので飛ばしますが、これから実はもうすぐ出る『カルティエ　最強のブランド創造経営―巨大ラグジュアリー複合

図表4-31　ヴァンドーム広場［Place Vendôme］にあるグランドセイコー［Grand Seiko］のブティック

撮影：長沢伸也（許可を得て撮影）
出所：早稲田大学ラグジュアリーブランディング研究所（2021）前掲資料、p.10

企業「リシュモン」に学ぶ感性価値の高め方―』（東洋経済新報社）という本の中で何を言っているかというと、日用生活品とラグジュアリーブランドではブランド構成要素が違うのではないか。違うというか、普通はネームとかパッケージなのだけれども、ラグジュアリーブランドでは加えて歴史とか土地とか人物、特にヒーローですね、技術、特に独自技術を使った独自製品をブランド要素として打ち出すことが大事だということを私は主張しております（図表3-18「日用生活品とラグジュアリーのブランドの構成要素の違い」

図表4−32　IWCシャフハウゼン『インヂュニア・オートマティック（Ref.3239）』

出所：IWCシャフハウゼン「カタログ」より許可を得て転載

参照）。

それで、たとえばどういうことかというと、リシャール・ミルではないので恐縮ですが、ＩＷＣのインヂュニア［Ingenieur］という時計を例に説明します（図表4−32）。

ＩＷＣは、〝International Watch Companies〟の略です。なぜに英語の名前か、スイス北東部のドイツ語圏なので、本当はインテルナツィオナーレ・ウーレン・ゲゼルシャフトとドイツ語になるべきところを英語の社名にしたわけですね。それは創業者のアメリカ人フロランタン・アリオスト・ジョーンズ［Florantine Ariosto Jones］がアメリカの大量生産とスイスの職人技術を使って世界に売ろうと思って付けた想いが入っています。しかもこの土地の地名がブランドに入っているわけですね。実はジョーンズの後、所有者が転々としまして、その中には分析心理学を作ったグスタフ・ユング［Gustav Jung］もこの一族だったので、経営者だったりしました。インヂュニアというのはドイツ語で技術者です。この時計は耐磁時計なのですね。初代から数えて七代目が復活している。これが技術主任アルバート・ペラトン［Albert Pellaton］という人が考えた耐磁構造、同じくペラトンが発明したいわゆるペラトン自動巻きといわれる機構、あと有名な時計デザイナー、ジェラルド・ジェンタ［Gérald Genta］という人がデザインした時計になっております（図表4-33）。

私は工学部出身の工学博士ですので技術者だと思っていますし、こういう人たち、人物や技術、あとこの歴史にも魅かれます。加えて、初代インヂュニアが生まれた1955年は私が生まれた年でもあります。そうすると、私はもうこの時計が欲しくてしようがない。そうするとパートナーに「あなた、時計いっぱい持っているじゃないの、要らない」と反対されても、「僕はこの時計を手にする運命にある」と弁解しました（笑）。

このように土地とか人物とか歴史とか技術を訴えると、私がこのインヂュニアを好きになったように、これらをブランド要素として打ち出すことにより、欧州の地場伝統ものづくり企業がラグジュアリーブランドになったのではないかという説を持っております。だ

図表4-33　IWCシャフハウゼンのブランド要素

- ・フロレンタイン・アリオスト・ジョーンズ［Florentine Ariosto Jones］が1858年にスイス北東部シャフハウゼン［Schaffhausen］で創業［土地］
- ・社名は地名入り、独語でなく英語の社名［土地・人物］
- ・創業者のあと、ほぼ100年の間、所有者の変遷とともに、社名も「インターナショナル・ウォッチ・カンパニー」→「インターナショナル・ウーレンファブリーク」→「ウーレンファブリーク・フォン・J・ラウシェンバッハ」→「ウーレンファブリーク・フォン・J・ラウシェンバッハ・エルベン」→「ウーレンファブリーク・フォン・エルンスト・ホムベルガー・ラウシェンバッハ」→「インターナショナル・ウォッチ・カンパニー」と変遷を辿った［歴史］
- ・『インヂュニア［Ingcnicur]』とは独語「技術者」、耐磁時計
- ・初代（1955年）、4代目SL（1955年）等を経て7代目（2013年）が復活
- ・技術主任A.ペラトン［Albert Pellaton］による耐磁構造［人物・技術］
- ・技術主任A.ペラトンによる「ペラトン式自動巻機構」［人物・技術］
- ・時計デザイナー、G.ジェンタ［Gérald Genta］によるデザイン［人物・技術］

出所：長沢伸也編著、杉本香七共著（2021）前掲書、pp.204-207、本文

から、歴史、土地、人物、技術。ご参加の各パネリストのブランドはこういったことを意識的に考えているのではないか。

たとえば、寺西代表、アルナータでいうと、会社自体はものすごく最近作られたわけですが、その牛首紬という日本の伝統工芸品を使うことによって、その何百年の歴史を引き継いでいる。あとリシャール・ミルも創業わずか20年かそこらということになりますが、機械式時計にこだわって、その機械式時計の200年、300年の伝統を

図表4-34　リシャール・ミルの本社工房（スイス、レ・ブルルー[Les Breuleux]）

出所：川崎圭太（2021）同前、p.4

受け継いで、会社の物理的な歴史を継ぎ足しているのではないかというふうに私は思っております。その辺についてぜひ解説をお願いします。土地についても思うところがあったらお願いします。たとえばリシャール・ミルは本社、工房ともにレ・ブルルー［Les Breuleux］というスイスの山奥と承知していますので、その辺、川崎社長からご披露いただきますか。

【川崎】　はい、本社工房はフランスとの国境に近いスイスのレ・ブルルーという町にあります（**図表4-34**）。

今先生がおっしゃったように、本当に歴史とかそういうものは大事だと思います。リシャール・ミルには、3つの大きなコンセプトがあります。まず、「伝統的機械式時計の継承」、これは200年続いている機械式時計しか作らないということです。そして、「最高の技術革新」、そこに「最高の芸術的構造」と、この3つがリシャール・ミルが最初から言っているコンセプトです。

まさにわれわれは歴史が短いのですけれども、絶対デジタルウォッチは作らないという考え方です。やっぱりその伝統的な機械式時計というところに伝統工芸の良さがあって、そこにもっと価値を見出す、やはり職人が一つひとつ丁寧に作り上げていくのです（図表4-35）。新参ブランドですけれども、おそらくどのブランドよりも最高の技術を使っています（図表4-36）。職人芸を使っています。人の技術も、どのブランドよりもものすごい高いものを使っているし、なおかつ素材にも最高の技術革新を用いたものすごい高価なものを使って、その結果、販売価格がものすごい高くなると。

開発コンセプトそのものは、「不易流行」。まさにうちのブランドってこの不易流行なのです。いつまでも変わらない本質的なものの中にリシャール・ミルという機械式時計の新しいエッセンスを加える流行を入れて、革新をして、それが今度の新しいスタンダードにするということです。これがいつもうちの会社で掲げていることですけれども、うちの時計のコンセプトなのですね。

図表4-35　リシャール・ミルの本社工房での製作工程

出所：川崎圭太（2021）同前、p.5

図表4-36　リシャール・ミルの本社工房での設計工程

出所：川崎圭太（2021）同前、p.6

図表4－37　リシャール・ミルのコンセプト“A RACING MACHINE ON THE WRIST”

RICHARD MILLE
A RACING MACHINE ON THE WRIST

出所：川﨑圭太（2021）同前、p.7

もう一つ言葉でいうと、〝a racing machine on the wrist〟ということをリシャールさんが言っているのです（図表4－37）。簡単にいうと、腕に付けるレーシングマシン。これはレーシングマシンはF1なんかに代表されますけれども、コストを考えないで徹底的に最高の物、最速の車を作り上げていきますね。それと同じ考え方でうちのこのブランド、リシャールは時計を作っていく。だから、積み重ねた時に値段が決まるんだということで、まさに先生がおっしゃるように、歴史というものと技術そのものが本当に徹底的なものを作り上げることが、いわゆるラグジュアリーブランドになっていくのではないかなというふうに思っております。

人物に関しては、コンペティターはどこかとよくいわれるのですけど、もうわれわれは競合他社というものをまったく考えないのですね。じゃあどういうふうなのと。強いていえばとリシャール（図表4－38）がいうのは、人物でいうと「ピカソ

図表4-38 「リシャール・ミル」創業者リシャール・ミル

出所：川﨑圭太（2021）同前、p.8

［Pablo Picasso］になる」と。「リシャール・ミルはピカソになりますよ」と、これだけです。これがもうお客さんに言っても「はあ?」と言われるのですけれど、この「リシャールをピカソのようにすることもお客様のお力です」ということを常に言って、だからわれわれとしてはもう常に常に、不易流行じゃないですけれど、新しいものを革新的にやっていくというのがわれわれの考え方だということなのですね。お答えというか、話になっているでしょうか。

【長沢】 はい、ありがとうございます。「リシャール・ミルはピカソになる」とは驚きました。ラグジュアリーブランドのほとんどは欧州の老舗で、長い歴史があります。もし長い歴史があることがラグジュアリーブランドの必要条件や絶対条件であれば、新たにラグジュアリーブランドを創ることは不可能になってしまいます。しかし、リシャール・ミルは創設からわずか20年ですから、これを打ち破った例外といえます。「ピカソになる」という強烈な創設者の個性とそのアピールが重要な秘訣の一つだとわかったような気がします。

では寺西代表、まだ会社を作って3年ですね。リシャール・ミルのようなそれこそ新しい時計会社がデジタルウォッチを作るのは当たり前のところを機械式時計だというように、御社のような新しいファッションブランドが新素材ではなくて、むしろ伝統的な素材を作るイコールその歴史を受け継ぐみたいな意識があるのかという点についてお話しいただけますか。

また、やはりリシャール・ミルで、リシャール・ミルご本人を打ち出しているように、ファッションブランドは特に寺西代表が「日本のステファノ・ピラーティ［Stefano Pilati］」でしょうか、という辺りをどうお考えなのかということ、つまり土地と人物やヒーローについてお話しいただければと思います。

【寺西】 そうですね、よくアルルナータはファッションブランドというふうにいわれがちなのですけれども、私はアルルナータというのはプロジェクトとしてとらえております。どういう意味かといいますと、私自身別にデザイナーとして、もしくは世の中でいわれるクリエイティブディレクターというような、そういう肩書きには一切固執はしていませんで、むしろ日本ならではの職人さん、作り手が表に出るような枠組みを作れないかというのが私の考えなのです。

たとえば「牛首紬」の製造過程（図表4-39）、「本場大島紬」の製造過程（図表4-40）、「本場結城紬」の製造過程（図表4-41）は、それぞれ人の手による作業が価値を生んでいるのです。

特に着物の世界になぜここまで関心があるかといいますと、もちろん永く培われた技術というのもそうなのですけれども、着物というものは本当に産地と直結したものなのですよね。たとえば今メインでご協力いただいております牛首紬というのは、もう牛首紬イコール石川県の白山なのですよね。結城紬であれば茨城、栃木両方あるのですけれども地域が決まっている。既にある意味ではブランディングされている世界なわけですけれども、それが着物の、呉服の世界でしか展開されていない、知られていないということがそもそも私は大きな機会損失だと思っています。

アルルナータにおいては、デザイナーというよりも、各地域に点在する伝統技術、そし

図表 4 -39 「牛首紬」の製造過程

約95℃の熱湯の入った釜の中の玉繭から糸挽きをする

出所：寺西俊輔（2021）同前、p.6

図表 4 -40 「本場大島紬」の製造過程

図案どおりに正確に染められた絣糸の柄を確認しながら手機で織り進める

出所：寺西俊輔（2021）同前、p.7

図表4-41 「本場結城紬」の製造過程

真綿（絹の一種で、生糸に出来ない品質の蚕の繭を煮た物を引き伸ばして綿状にした物）から指で糸を取る作業。手で紡いだ糸は撚りがかからず、空気を含み独特な柔らかさが出る。

出所：寺西俊輔（2021）同前、p.8

てそれらを継承する人や会社、その土地そのものこそが注目され、輝いてほしいと願っています。これからのラグジュアリーは、ローカルなコンテンツをどうグローバルに発信できるかだと考えているのですが、ローカルの行き着くところは個人だと思っています。そして、それを業界の外の世界にどうやったら発信できるのかというところを私はお手伝いできるかなということで活動しているところです。

【長沢】 はい。マスコミやファッション誌では、やはり「エルメスのデザイナー兼パタンナーを務めた寺西代表が…」というように書かれるのが常だと思います。ご自身がそうやってヒーロー化されるのはご本人としては気恥ずかしいのかも知れませんが、ブランドにとってはどうお考えなのか、ちょっとお聞かせ願えますか。

【寺西】 そうですね、やっぱり着物を洋服の世界に持ってきているのは僕自身なので、そういう意味では自分自身がある程度前に出ていく必要はあるかとは思います。けれども、最終的に僕が実現したいことというのは、やっぱり作り手が表に出る新しいラグジュアリーな世界ということを目標にしております。そもそもヨーロッパで、最近はエルメスの職人を日本に連れてきてこの職人さんの手仕事を表に出すということも増えてはきましたけれども、ヨーロッパというのは、これは自分の実感なのですけれども、やっぱり階級社会というのがすごくあるのだな、いまだに残っているなというのは僕の実感したところなのです。特にファッション業界でいえば、デザイナーというものが、言ってみれば手足を使わないで感覚だけでできる仕事といえます。一方で、たとえば縫製であったり、型紙を作ったりとか、皮をなめしたりというのは本当にもう手足を使って動かないといけない仕事なのですけれども、両者の間に僕は本当に見えない壁があるなというのをすごく感じました。あと、ヨーロッパでは分業というものがすごく盛んになっているために、デザイナーはパタンナーの仕事は一切しない。パタンナーはデザイナーの仕事を一切しないわけです。そういう中で僕はデザイナー兼パタンナーというちょっと変な立ち位置で仕事をやっていたもので、そういうデザイナーとパタンナーの壁というものを向こうで感じました。一方、日本では作り手に対する尊敬の念だったりとか、たとえば隣の仕事がいっぱいで大変だから一緒に手伝おうよということが、僕がもともといたヨウジヤマモトでもそういうことは本当に頻繁にありましたし、日本ではそういう職業間での壁というものはほとんどないと感じているのですね。そこは逆に、ヨーロッパでできないことなのではないかなということで、僕は職人さんがヒーローになる、そういうブランドがあってもいいいんじゃないか、そういう仕組みがあってもいいいんじゃないのかということで、このアルナータをスタートさせました。

【長沢】 はい、ありがとうございます。今日のパネリストの中では200年を超えて一番歴史が長い玉川堂が力を入れていて、かつ土地という意味でも「工場《こうば》の祭典」という催しをご紹介いただければと思います。

【玉川】 私は、職人こそが最高の営業マンだと思っており、職人の言葉って説得力が違うのですよね。普段無口でも、説明では熱がこもります。技術に絶対的な自信があるから、説明にも説得力が違うのです。つまり、「生産者が表現者になる」、これが、今後の地場産業のあり方だと思っています。先ほど流通改革の話をしましたが、私の代においての最終形は、直営店を燕の本店に集約することです。世界中の主要都市に直営店を出店するのではなく、世界中の方々から、わざわざ燕本店にお越しいただくことが、究極の流通経路です。ものづくりの現場とお客様の距離をいかに縮めるか。職人とお客様の親和性を深めていくためには、やはり、ものづくりの現場で職人の想いを感じていただく。これに尽きると思っています。

今ほど長沢先生からご紹介いただいた燕三条「工場の祭典」ですが、毎年10月、4日間開催しておりまして、昨年はコロナの影響で、工場の動画配信となりましたが、過去8回開催しています。職人の想いを直接お客様へ伝えるイベントであり、まさに、生産者が表現者となるイベントです。燕三条では、常時工場見学を受け付ける工場は15社ぐらいですが、工場の祭典期間中は100社以上の工場が参加します。また、燕三条は金属加工だけではなく、農業も盛んです。農家の方も加わり、地元の商店街なども参加します。さらに、近郊の旅館やレストランなども連携し、工場を観光資源とした産業観光都市の構築を、地域の皆さんがベクトルを合わせて目指している最中です。ぜひ皆様も、燕三条へお越しください。

【長沢】　ありがとうございます。今後のあり方で職人を見せるということですが、有賀社長のところではワイナリーツアーで見せるのは職人でしょうか、それともやっぱりぶどう畑、あるいは両方でしょうか。あわせて土地に基づくワインみたいなお話をちょっとご披露いただければと思います。

【有賀】　先ほどもちょっと触れたのですけれども、ワインというのは単発酵で、ぶどう以上のワインというのは作れないのですね。それで、ぶどうというのはやっぱりその産地の風土に左右されますので、非常に自然の影響を大きく受けますよね。そういうことでいうと、本当にワインというのはその土地とそこに携わる人、それに価値を見出していく仕事、事業だと思うのですね。そういうことでいうと、フランスのワインが一番というふうに思われている方が多いのですけれども、それぞれの土地の魅力を味わうわけですから、競争相手ではなくて、むしろ仲間みたいなものなのです。それぞれのオリジナリティの魅力を競うというか、そういうことになります。ですからお客様にはその場所を検証していただくことが、すごくそのものの価値を感じるのに非常に強い影響をもってもらえるのではないかと思います。

【長沢】　はい。ワインでは、その土地に依存するワインみたいな言い方というか、何か区分があるそうですが。

【有賀】 そうです、そうです。「テロワール［Terroir］」と言ってですね、その土地ならではの出来栄えみたいなものがあります。しかし、必ずそこに人間が関わるので、自然と人との関わり自体をワインと言っていますので、やっぱり現場に行って見てほしいですね。私どもも実は今、息子たち3人がワイナリーで一緒に働いていて、造り手を謳ったワインなんかも最近は市場に発表しているのですけれども、非常に話題になりますね。

【長沢】 ありがとうございました。土地と人物が関わるとのことですので、その土地ならではの出来映えを指す「テロワール」は、何もワインづくりに限らないように思いました。燕三条のようないわゆる「産地」も、何らかの理由に拠りその土地に人や工場が集まって形成されるのが産地です。それは、たとえば江戸時代にその土地を治めていた殿様が渡り職人を招いたりして産業を振興したことから始まったとか、たとえば雪深い地方の人は忍耐強いから根気のいる作業に向いていたとかであれば、ほとんど違いはないように思います。

高田代表、やっぱり宝飾関係ではダイヤの原石とか輝石がどこで採れたかという原産地も結構アピールすることもあるように聞き及んでいます。人物、土地、あるいは歴史も含めて、どの辺が宝飾ではアピールポイントになるのでしょうか。

【高田】 そうですね、そのすべてが、先生のおっしゃったラグジュアリー・ジュエリーブランドの中ではアピールになるというふうにいわれているのかなと思います。これ（図表4-42）を見ていただいてもわかるのですけれども、ミキモトとかティファニーは、ブランドのサイトに行って見ていただくと、1893年に創業されたとか、1837年に創業されたとか、非常に古い歴史を紹介しているというところもあります。一方、たとえばこの2つ、デイビッド・ユーマンとグラフ、これは新しいブランドというわけではないのですけれども、すごく古いブランドとはいえないと思うのですけれども、これらもサイトを見るとやっぱりどういうふうなストーリーで創業されてという歴史がすごく語られているのですね。そういった意味ではやっぱり古いブランドも新しいブランドも、ラグジュアリー・ジュエリーブランドといえるものは非常に歴史というのを大切にしているなというのは先生もおっしゃるブランド要素が見えるなと思います。

同時に、ファッションジュエリーのサイトを見たのですけれども、そこにはやっぱりいつ創業されたとか、そういったストーリーはないのです。だからそういった意味ではラグジュアリージュエリーとはいえないのかなと思います。もちろん出店場所にも、さっき

図表 4-42 ジュエリーブランドの歴史へのこだわり

・MIKIMOTO ― 1893年に御木本幸吉が半円真珠の養殖に成功。その後、銀座に進出。
出所：MIKIMOTO ブランドストーリー（https://www.mikimoto.com/jp_jp/brand-story）

・Tiffany & Co. ― 1837年に Charles Lewis Tiffany 氏により NY に開かれた店舗が始まり。
出所：The Tiffany & Co. Timeline（https://www.tiffany.com/world-of-tiffany/）

・David Yurman ― 1980年にデザイナーであった David と妻である Sybil の 2 人でブランド設立。
出所：History of the Brand: David Yurman（https://gemmabywpd.com/blogs/news/david-yurman-history-of-the-brand）

・Graff ― 1960年に Lawrence Graff 氏によってブランドが設立される。
出所：GRAFF ― Beginnings（https://www.graff.com/us-en/house/heritage/beginnings.html）

・Cartier ― 1847年にジュエラーであった、Louis-François Cartier 氏によりパリに設立される。
出所：FHH ― Cartier History（https://www.hautehorlogerie.org/en/brands/brand/h/cartier/）

・BULGARI ― 1884年にローマにてシルバー・スミスである、Sotirio Bulgari 氏によって始まる。
出所：Bulgari History（https://www.bulgari.com/en-us/the-maison/about-bvlgari/bvlgari-history.html）

出所：高田　力（2021）同前、p.6

図表4-43　ジュエリーブランドの土地、聖地へのこだわり：旗艦店

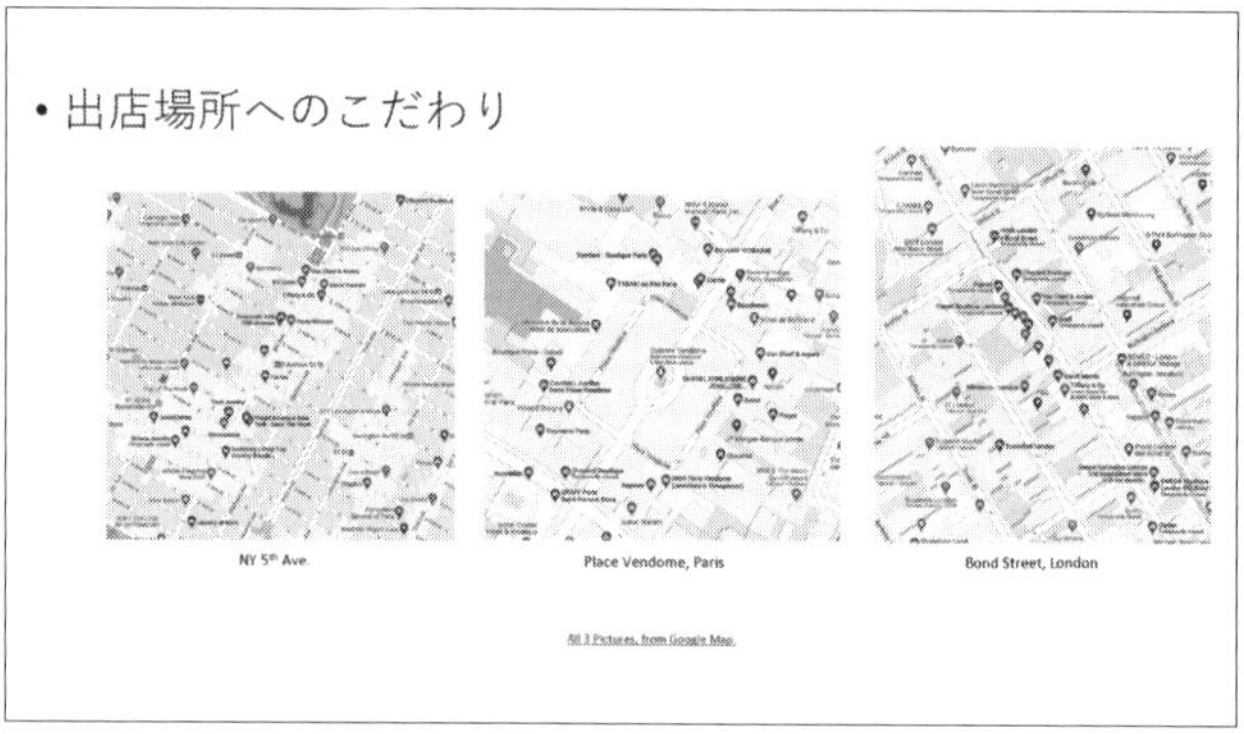

出所：高田　力（2021）同前、p.7

ヴァンドーム広場とおっしゃっていましたが、これだけジュエリーブランドがあるのです。あるいは、ボンドストリート［Bond Street］か、フィフスアベニュー［5th Avenue］（図表4-43）。アジアでいうと広東ロード［Canton Road］、東京でいうと銀座。こういうふうに非常にこだわって出店しているという意味でも、出店場所へのこだわりは強いですね。

　また人物ですけれども、創業者の名前を冠したラグジュアリーブランドが、さっきの10個のうちいくつあるかなと思ったらすべてなのですよね。だからまさにそのとおりということになります。

　あとは、さっき先生におっしゃっていただいたのですけれども、宝石自体もミャンマーで採

図表4-44　ジュエリーブランドの聖地へのこだわり：原産地

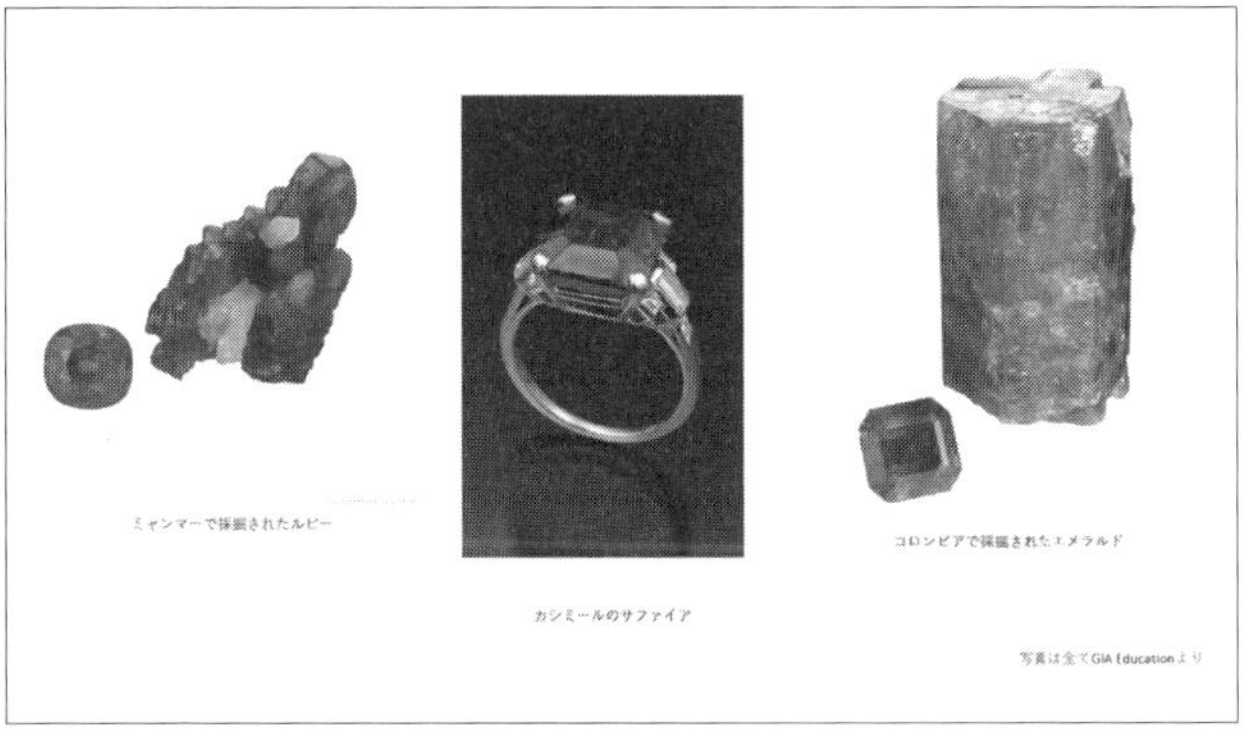

出所：高田　力（2021）同前、p.8

れたルビーだとか、カシミールで採れたサファイア、コロンビアで採掘されたエメラルドというのは、本当に同じような形や色をしていても圧倒的に価値が高いのです（図表4-44）。そういう意味では、宝石もこういう聖地へのこだわりというのはあるのかなと思います。

【長沢】　ありがとうございました。そうすると、予定調和っぽくて恐縮なのですが、やはり歴史や土地、人物、あと今日はあまり技術の話にはならなかったものの、技術はむしろ製品となって表れるのでわかりやすいのですが、これらをアピールする。すなわち、どうしてその地で創業したのか、どうしてその創業者がどういう想いでその会社を創ったのか、どういう人がそれを受け継いで今つくっているのか、あるいは新しいリシャール・ミルやアルルナータのように、物理的な歴史は短くても、永い伝統産業、あるいは機械式時計の歴史をそのまま引き継いで作っているというところをアピールする。繰り返しになりますが、新しい時計メーカーがスマートウォッチを作っても当たり前ですので、やっぱりその辺をしっかり、会社が新しくても機械式時計にこだわる、伝統的工芸品にこだわることに意義があると思います。

お客様は富裕層というより、驚きや感動に価値を見出す人

【長沢】 最後にちょっとそのこだわり絡みで、お客様についてお訊きします。先ほど玉川堂の玉川社長からは15万円のコーヒーポットは普通のサラリーマンが買っていくというような話がありましたが、どういう人がお客様なのか。たとえばリシャール・ミルの何千万円の時計を買うお客様はやっぱり富裕層といってよろしいのでしょうか。川崎社長は富裕層という言葉は嫌いだと伺いましたが。

【川﨑】 そうなのですよ、私は、富裕層という言葉は金融業界が作った言葉なのであん

まり好きじゃなくて使わないのですけれども、買ってくれるお客様が最高だと思っています。どういう方かとよくご質問があるのですけれど、本当幅広いのですが、さっきチャット機能での質問（掲載省略）にもありましたけれども、「日本で似合う男はどんな男か？」と。まあ一番、一言でいうとリシャールみたいな男なのですよね。何事にも情熱をもって、すごく熱心でパッションの塊みたいな。あとはもう年齢を感じさせない男。見掛けが格好良くても良くなくてもいいのです。でもね、そういう情熱家であり、そのパッションのある、やっぱりそれなりに成功した方が持っているという、それがお客様だというふうな答えになるでしょうかね。ですから20代も今います。20代のお客様も結構増えています。

【長沢】 リシャール・ミルご本人に私はフランスで会ったことがあります。まさに情熱の塊のような方でした。あと、「俺は運が良かった、運が良かった」と、しきりに繰り返していたのを思い出します。

さて、たとえばアルガブランカはかなりワインとしては高めです。コンビニやスーパーへ行くと1000円を切るワインが多いなか、高めのお値段だと思いますが、これはどういった方がお客様なのでしょうか。

【有賀】 高いというのは、日本ワインというのは世界一高いコストで造るので、どうし

図表４-45　ワイン造りとは

ワイン造りとは

1　人と自然の関わり
（産地の風土に向かい 限りない挑戦を繰り返し表す表現）

2　世界一高い農業コスト＝肯定化
（日本のワインは世界一コストが高い）

3　価値＝　驚きや感動　＞　コスト

出所：長沢伸也編（2019）、第１章「勝沼醸造株式会社」、前掲書所収、p.18、資料６「ワイン造りとは」

ても値段は高くなります。ですけれども、お求めいただくお客様というのはわれわれ、高いか安いかというのは、そのものを手にした時のお客様の驚きとか感動がその対価よりも大きければいいわけです（図表4-45）。

私どものワイナリーのコンセプトは、「人々に感動を与えるワイナリーの創造」ということにしているのですけれども、やっぱりお求めくださるお客様というのは感性が高い方が多いと思うのですね。いろんなことに対して、驚きや感動を持っている方、そういう方がお求めくださるような気がしています。

うちはワイナリーでありながら、和風な

図表 4 -46　勝沼醸造：和風のワイナリー

出所：有賀雄二（2021）同前、p.5

のですね。ワイナリーというと洋風が圧倒的、一般的だと思うのですけれども、私どもは歴史が長いだけに和風のワイナリーになっています（図表4-46）。樽貯蔵庫も蔵です（図表4-47）。その畳の座敷でワインを傾けて、それをすばらしいと言ってもらえるような感性、そういった感性のある方が私どものワインを好んで選んでくださっているように思います。

【長沢】　ありがとうございます。寺西代表、やっぱりお客様は感動で買ってくださっているのでしょうか。

【寺西】　そうですね、弊社の場合は、その感動もそうなのですけれど、その伝統文化に敏感な方、それを応援したいですとか、遺したいという意識の高い方です。やっぱりお客様のほとんどが

図表 4 -47　勝沼醸造：樽貯蔵庫（蔵）

出所：有賀雄二（2021）同前、p.6

そういう方ですね。僕がアルルナータをスタートした目的も、実は高いものを売ってそれで終わりではなくて、実は若い人にもこういう技術、日本の伝統技術があるということをまず知ってもらうという、そういう目的があるのです。なので、ラグジュアリーブランドの存在意義ってやっぱり夢を与えるという部分もすごく大きいと僕は思っていまして、たとえ今買えなくても、10年後、15年後、そんなに先じゃなくてもいいのかな、3年後、5年後に何かをして、そのご褒美に自分で買ってそれを身につけた自分になりたいという、そういう夢を与えるというところがすごく重要だと思うので、そういう輪を広げていければなと思っています。

【長沢】　ありがとうございました。どうやら、お客様は所得や年収が高いという、いわゆる富裕層というよりも、職人技が光る、文化を創るようなブランドや製品に感動する感性を持っている人たちだ、ということで、一致をみたようです。

売るべきは、製品というよりも「感動」や「夢」だという点については、締めくくりに確認したいと思います。

ファミリービジネスはラグジュアリーに有利

【長沢】 この報告会は「世界に挑み ラグジュアリーブランドを目指す 日本のファミリービジネス」という大きなタイトルになっております。時間が限られておりますので、十分には議論できませんが、「ファミリービジネスであることはラグジュアリーに有利か?」について、玉川社長に代表してコメントいただきたく思います。

【玉川】 私の場合、大学卒業後すぐに玉川堂へ入社し、間もなくして六代目の父親から経営を任されました。ファミリービジネスとしてもおそらく異例の、早期でのバトンタッチでした。当時はバブル崩壊の影響で、それまで売上の軸だった記念品の注文がパッタリと止まり、私の入社と同時に職人を半数解雇するほどの深刻な状況にあったため、一日も早く会社を立て直してほしいというのが父親の望みでした。いざ自分が経営の責任を負う立場になり、六代にわたって継承されてきた玉川堂を自分の代で途絶えさせるわけには絶対にいかないという気持ちは、これまでの経営手法を破る発想を生むモチベーションとなり、問屋商売から直販への流通改革の着想と実行につながりました。

自分の代から次の代に会社をつなぐビジョンは、血縁というつながりがあることも大きく影響するのだと思うのですが、これがファミリービジネスならではの長期的経営視点の基であると感じています。ファミリービジネスは、およそ30年に一度のタイミングで経営者が一気に若返り、ビジネスモデルの検証が行われ、イノベーションが起こることが特徴であり長所といえます。この代替わりをイノベーションにつなげていくために後継者は、リスクを取れる若い年齢の時に思い切って経営することが重要です。経営者が世代交代する時は、自分の培ってきた経営手法を外れるとしても、ある程度一気に任せる覚悟が必要で、この世代交代のあり方に、企業の長期的な持続性を担保する仕組みが隠されているのではないでしょうか。

特にこのコロナ禍という、さまざまな価値の見直しが必然的に起こる今こそ、過去のしがらみのない後継者がイノベーションを起こしやすい社会環境だという見方もでき、後継者のいる同族企業は、事業継承の好機と捉えることも一つでしょう。新型コロナの影響によって、世界経済は深刻なダメージを受けていますが、今年も引き続き厳しい経済状況が予測されます。そのような状況下、ウィズコロナに即応する目先の利益を追求していくのか、それとも長期的な持続可能性に注視していくのか。どちらを重視するかといえば、ファミリービジネスは後者です。特に高付加価値の製品を開発していくためには、長期的な経営の視点は不可欠であり、ラグジュアリー戦略はファミリービジネスの形態が適していると思います。これからの日本経済の成長力のカギは、ファミリービジネスがいかに若い世代へと事業継承させ、イノベーションに推進力を与えられるかにあるといえます。

そのような観点から、今年2021年はファミリービジネスの真価が問われる年であると考えています。

【長沢】 ありがとうございます。昨日の第一日目を通して、報告会全体をまとめるようなすばらしいご意見を披露いただきました。

ラグジュアリーブランドは「夢」を売る

【長沢】　では、ほとんど最後になりますが、高田代表、ラグジュアリーブランドは「夢」を売るんだということについてお訊きします。ジュエリーはまさに機能的価値はほとんどないですよね。ダイヤが硬いからといってダイヤモンド工具みたいに何かをわざわざ傷つけて模様を描くなんてことはしないわけですから、機能的価値がほとんどない。では、何を売っているのといったら「夢」でよろしいでしょうか。

【高田】　そうですね、いや、まさにそのとおりだと思います、本当に。「夢」を売っている、皆さんのおっしゃっていた、「夢」を売るというところに尽きるのかなというふうに思います。

私なりにラグジュアリー・ジュエリーブランドの特徴をまとめますと、「有名な宝石の産地やこだわりの出店場所×創業者などの人物×創業に至る経緯や創業後の歴史×加工技術」という4つの掛け算で「夢」を売ることに尽きる、といってよいと考えております。

【長沢】　ありがとうございます。高田代表は、ジュエリー、つまり宝飾ブランドは4つの掛け算で「夢」を売ることに尽きると、ご自身が関わっている宝飾分野に限定されましたが、これは何も宝飾ブランドに限らないように思います。

そうすると、やっぱり「夢を売る」とかいうと、日本のこれまでの企業の多くの方は、「良い製品を作って売れ」というならわかるけれども、「夢を売れ」といったら何をしたらいいのだといわれそうです。やはりその取っ掛かりの手段として、その土地への愛着とかその歴史、特に歴史が短くてもそういう長い伝統を引き継いでいるのだというあたり、あとやっぱりそれを想いを込めて作っている人物、あるいはその人物がこだわり工夫した技術を打ち出して、夢が構成されることによって、ラグジュアリーブランドになる。ラグジュアリーブランドという言葉自体が古いとか、鞄などが中心なので抵抗があるという方が多いかも知れませんので、言い換えます。

衣・食・住のすべて、ファッションでも、時計でも、宝飾でも、ワインでも、金属加工製品でも、その土地に根づき、職人技が光っていて「用の美」[l'art de vivre]で文化を創るような価値ある製品、高くても売れる「こだわり」の製品、高くても熱烈なファンがいるブランド、「これでなくちゃ駄目なんだ」といわせる絶対的非代替ブランド、文化を創るようなブランド≒ラグジュアリーを目指そう！　そのためには、歴史、土地、人物、技術にこだわり、アピールすることが大事だというところで締めてよろしいでしょうか。

（一同、頷く）

はい、皆さんにご同意いただきましてありがとうございます。

ではちょっと時間が超過しましたが、いろんな業界、衣・食・住のブランドということで、5名のパネリストにお越しいただき、有意義なディスカッションができたと思います。

どうもありがとうございました。

5 まとめ・閉会挨拶

早稲田大学ラグジュアリーブランディング研究所員、早稲田大学商学学術院教授
矢後　和彦

【司会】　パネリストの皆様、ありがとうございました。最後に早稲田大学商学学術院、矢後和彦教授より、まとめと閉会のご挨拶をいただきます。

【矢後】　矢後でございます（図表5-1）。本日はパネリストの皆様、長沢教授、また困難な条件のなか、こういった形でのシンポジウムに参加いただいたすべての皆様、どうもありがとうございました。

本日のシンポジウム、私もずっと聞かせていただきまして、とりわけパネリストの皆様のすばらしい情熱、そして刺さってくる言葉に大変感銘を受けました（図表5-2）。たとえば「生産者が表現者になる」、あるいは「職人がヒーローになる」、こういったお言葉の端々にこれからのラグジュアリーブランドにかける皆様の情熱、これが伝わってまいりました。まさに「ピカソになる」という、こういった情熱こそが今日のすばらしいシンポジウムの成功を導いたものと思います。

今日の基調講演で長沢教授がマルクス『資本論』を引用されておりましたけれども、今日のお話を敷衍《ふえん》して考えてみますと、たとえば物を売って、そして利益があって、コストがあってという常識的な経済学の世界、あるいはマスのマーケティングだけを考えてきた20世紀の経営学の世界、これはそろそろ終わりに近づいていて、そしてまた時ならぬ今の

図表5－1　研究成果報告会「コロナ禍だからこそ、長く使える価値ある製品、文化を創るブランドを目指せ！」まとめ・閉会挨拶

まとめ・閉会挨拶

20時45分～20時50分

早稲田大学ラグジュアリーブランディング研究所員、
早稲田大学商学学術院教授
矢後　和彦

・本日の研究成果報告会開催のまとめ

矢後　和彦（やご かずひこ）
早稲田大学ラグジュアリーブランディング研究所員、
早稲田大学商学学術院教授。
1984年横浜国立大学経済学部卒業、1991年東京大学大学院経済学研究科単位取得退学、1996年パリ第10大学歴史学博士。東京大学経済学部助手、東京都立大学経済学部助教授・教授等を経て2010年から現職。専門は西洋経済史・国際金融史。近著に Hubert Bonin, Nuno Valério, Kazuhiko Yago, eds., Asian Imperial Banking History, Taylor and Francis, 2015; The Financial History of the Bank for International Settlements, Routledge, 2012. 他。

出所：早稲田大学ラグジュアリーブランディング研究所（2021）「早稲田大学総合研究機構2020年度研究成果報告会 2日目『コロナ禍だからこそ永く使える価値ある製品、文化を創るブランドを目指せ』」資料、早稲田大学総合研究機構・ラグジュアリーブランディング研究所、p.11

図表５－２　パネリストのすばらしい情熱、そして刺さってくる言葉に感銘を受けた

ブランディングは流通経路の短縮（玉川社長）
ブランドの世界観をしっかりお客様に伝える（高田代表）
お客様との間に誰かを挟むということが本当に必要なのかな（寺西代表）
コストを考えないで徹底的に最高のものをつくり上げていく。積み重ねた時に値段が決まる。高くても欲しいなら、それは高くはない（川﨑社長）
価値とコストは違う、お客様の驚きや感動が対価よりも大きければいい（有賀社長）
ものづくりの五感を感ずれば、製品への愛着、職人の励みになる（玉川社長）
ものづくりや、ものの裏側にある背景を知っていただきたい（有賀社長）
生産者が表現者になる、職人こそ最高の営業マン（玉川社長）
競合他社は全く考えない。創業者はピカソになる、創業者をピカソにする（川﨑社長）
つくり手を表に出したい、着物が産地と直結していることを発信したい（寺西代表）
土地ならではの出来栄えが「テロワール」、土地と携わる人に価値を見出すのがワイン（有賀社長）
古いブランドも新しいブランドも非常に歴史を大切にしている（高田代表）
歴史が無いからこそ、伝統工芸にこだわる（川﨑社長）
「有名な産地の宝石×創業の地×創業者×こだわりの出店場所」という４つの掛け算（高田代表）
ラグジュアリーブランドの存在意義は、夢を与えるというところが重要（寺西代表）

出所：早稲田大学ラグジュアリーブランディング研究所（2021）前掲資料、p.12

図表5－3　今日の話を敷衍して考えてみると…

常識的な経済学の世界：物を売って、コストがあって、利益があって、…
20世紀の経営学の世界：マスマーケティング（大量生産、大量消費、大量廃棄）
資本主義というシステム

コロナ過を経た次のポスト資本主義の先陣＝ラグジュアリーブランドのあり方？
　テロワールに根差しながら、
　職人のストーリーを語りながら、
　「ヒーロー」と「物語」を紡いでいく

出所：早稲田大学ラグジュアリーブランディング研究所（2021）前掲資料、p.13

コロナのなかで、資本主義というシステムもまた次の段階にいくんじゃないかと、こんな議論もあるわけですね。今日お話しいただいた、たとえばテロワール（その土地ならではの出来映え）に根差しながら、そして職人のストーリーを語りながら、「ヒーロー」と「物語」を紡いでいくという、こういうラグジュアリーブランドのあり方こそが、ひょっとすると次のポスト資本主義の先陣を切るのではないかと、こんな大きな話にもつながるようなシンポジウムだったと拝察いたしました（図表5－3）。

いずれにしても今日取り上げられなかった論点もあるかと思いますので、引き続き長沢教授を中心に、皆様のお知恵を拝借しながら前に進んでいきたいと思います。
本日はどうもありがとうございました。

【司会】 矢後先生、ありがとうございました。以上をもちまして、早稲田大学総合研究機構2020年度研究成果報告会、二日目セッションを終了いたします。長時間にわたりありがとうございました。

◎編著者

長沢 伸也（ながさわ しんや）

早稲田大学ビジネススクール（大学院経営管理研究科）教授、工学博士

1955年生まれ。1980年早稲田大学大学院理工学研究科博士前期課程修了。1995年立命館大学経営学部教授などを経て、2003年早稲田大学ビジネススクール（現大学院経営管理研究科）教授、現在に至る。工学博士（早大）。仏ESSECビジネススクールおよびパリ政治学院客員教授、LVMHモエ ヘネシー・ルイ ヴィトン寄附講座教授等を歴任。Distinguished Professor Award（IEOM Soc. Int.）等表彰多数。Luxury Research Journal, Journal of Global Fashion Marketing等5国際学術誌の編集委員・編集顧問。商品開発・管理学会会長、加飾技術研究会会長、日本感性工学会参与（元 副会長）、横幹連合理事。編著書・訳書125冊（内外国語17冊）、学術論文457編（内外国語213編）。

◎執筆協力者（講演者、登壇順）

川上 智子 早稲田大学ビジネススクール（大学院経営管理研究科）教授、博士（商学）（図表1－2参照）

川﨑 圭太 リシャールミルジャパン株式会社代表取締役社長（図表4－2参照）

寺西 俊輔 アルルナータ代表（図表4－4参照）

高田　 力 GIA Tokyo代表（図表4－9参照）

有賀 雄二 勝沼醸造株式会社代表取締役社長（図表4－14参照）

玉川 基行 株式会社玉川堂代表取締役社長（図表4－17参照）

矢後 和彦 早稲田大学商学学術院教授、歴史学博士（図表5－1参照）

2021年9月5日　第1刷発行

ラグジュアリー戦略で「夢」を売る
——リシャール・ミル、アルルナータ、GIA Tokyo、
勝沼醸造、玉川堂のトップが語る——

編著者　長沢伸也

発行者　脇坂康弘

〒113-0033　東京都文京区本郷3-38-1

発行所　株式会社同友館

TEL. 03(3813)3966
FAX. 03(3818)2774
URL　https://www.doyukan.co.jp/

乱丁・落丁はお取替えいたします。

三美印刷／松村製本所

ISBN 978-4-496-05554-6

Printed in Japan